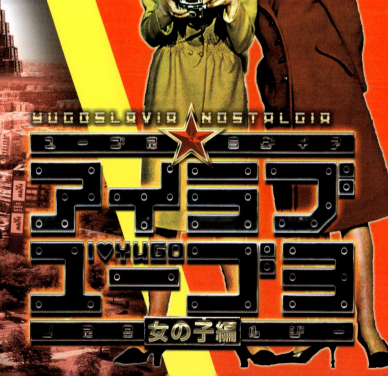

はじめに

　本書は、『アイラブユーゴ』シリーズの最終巻である。ヨーロッパの南東、バルカン半島西部にかつて存在したユーゴスラヴィアを現在の視点からあらためて見つめ直してみる——その試みがいよいよフィナーレを迎えようとしている。

　既に過去となった国を振り返るとき、そこには様々な接近の仕方があるだろう。だがユーゴスラヴィアには、とりわけ社会主義の体制と時代へのまなざしが分かち難く結びつく。本書全三巻にも、その独自の「自主管理社会主義」を受けた「自主管理社会趣味」という叢書名が付されている。そのような「社会趣味」あるいは「共産趣味」というコンセプトは、共産主義イデオロギー自体への考え方というのはとりあえず置いておいて、共産主義に独自の文化（第二次大戦前であれば、「プロレタリアート文化」）を好んで鑑賞する傾向とでも定義づけられるだろう。

　もちろん、この「共産趣味」というコンセプトに対して、疑問に思う見方もある。共産党による独裁体制の犠牲になった人たち、共産党政権への反抗によって命を落とした人たちが少なくないことを思えば、共産主義イデオロギーと深く結びついた文化を面白がる鑑賞態度を不謹慎とみなすのは、むしろ当然とも言えるだろう。特に本書のテーマである社会主義ユーゴスラヴィアは、その解体から戦争にいたる過程で多数の犠牲者と難民を出し、現在も係争中の問題を残している。

　1991年6月25日、スロヴェニアとクロアチアがユーゴスラヴィア社会主義連邦共和国からの独立を宣言したのに端を発して、バルカン半島西部は民族紛争の最前線へと変貌した。西欧のすぐそばにあって、社会主義を掲げつつソ連とは一線を画していた「友愛と統一」の多民族国家が、一夜にして泥沼の民族紛争に陥ったことは、世界を驚かせた。

　現在も旧ユーゴ地域では国によって、そして人によって、社会主義時代に対する思いは様々である。たとえばユーゴ人民軍との武力衝突が比較的短期間で済んだスロヴェニアでは、社会主義時代へのノスタルジー文化がもっとも早く現れ、大きな抵抗もなく受容されている。一方、隣国クロアチアはセルビアと国境を接するため、ユーゴ紛争で多くの被害を出した。そのため現在に至っても、「ユーゴノスタルギチャル（jugonostalgičar）（ユーゴ懐かしがり屋）」という言葉は、クロアチアでは侮蔑の意味が強い。

　そんな「いわくつき」のコンセプトを掲げる本書はしかし、共産主義文化を単なる消費の対象として提供するというより、ユーゴ文化の全体像を網羅的に紹介しようという試みで、これはあまり世界的にも類のないことと自負している。共産主義文化には独自の楽天主義（「社会主義オプティミズム」）に支えられた特異な様式がある一方、共産主義文化の「複数性」を探る研究は意外なほど少ない。そんななか、本書は共産圏のみでなく、日本をはじめとする資本主義圏にも存在する共産主義文化との共通点や差異を考えるうえでも、ひとつの参照点となることを期待している。

　社会主義時代のユーゴスラヴィアに関しては、やはり武力紛争やコソヴォの独立といっ

た現代史的なテーマが着目されがちで、共産主義時代の文化を包括的に捉える試みはほとんどなかった。ソ連の文化を取り入れながら、同時代の欧米文化にも強く影響を受けた社会主義ユーゴの文化は、ソ連の社会主義リアリズムの亜種として「社会主義モダニズム」と呼ばれることもある。政治・社会に焦点を当てた「大人編」、建築・乗り物・スポーツを取り上げた「男の子編」に続く本書は、ユーゴスラヴィア文化に焦点を当てており、いわゆる公式文化のほか雑貨やファッションなどを中心としたため「女の子編」としているが、社会主義時代を生きた人々にとって身近なモノたちを通してユーゴスラヴィアの日常に迫っており、多くの方に楽しんで頂けると思う。社会主義国家の文化が資本主義国家の文化と根本的に違う点は、一党独裁体制においては文化も「国営」ということだ。国家によるプロパガンダとしての「公的文化」が一方にあり、その反対にいわゆる「カウンター・カルチャー」があるという図式と言えるだろう。ただしユーゴの文化統制はソ連ブロックのようには（一般的には）厳しくなく、またこの「自主管理社会主義」の国に訪れた消費社会の波は、「YU Rock」と呼ばれる独自のロックシーンを生み出し、「東のハリウッド」を自称する巨大な映画村を作らせた。さらに言えば、国家宣伝を担うポストを占めていたのは元・前衛芸術家たちであったため、プロパガンダですら個性的だ。「社会主義国の国家宣伝といえば不恰好で説教くさいもの」というイメージをもしお持ちなら、ユーゴ・プロパガンダ文化はその先入観を一新してくれるだろう。

　第1・2巻と同じく、本書もカタログ式になっているので、どこでもお好きなページから読み進めていって頂ければ幸いである。

著者を代表して　亀田真澄

凡例
- （ユ）本書で「ユーゴスラヴィア」（またその略称として「ユーゴ」）とは、基本的に、第二次世界大戦後に成立した社会主義国家の意味で用いた。
- （ー）本文中の語句には適宜、原語の表記を「（　）」で記した。その際、ユーゴスラヴィアで用いられた複数の言語ではなく、原則として、当時の実質的な「共通語」であったセルビア・クロアチア語で記すのに留めた。なお、そのなかでも地域によって語彙が異なったり、あるいは他の言語でも記す必要がある場合には、「／」で複数の表記を併記している。
- （ゴ）上記に関して、原語ではセルビア・クロアチア語のキリル文字で表記されるものも、便宜上、基本的にはラテン文字に置き換えて記載した。

- **002** はじめに
- **004** 目次

006 ★ 文化

- **006** プロパガンダ・アイコン――「白系ロシア人」がルーツのスクリギンの『コザラの女』
- **008** 反ファシズム記念碑――個人崇拝は避け、巨大コンクリート剥き出し抽象モチーフ
- **012** マスゲーム――群衆のモニュメントとしての人文字
- **014** ポスター――ソ連式社会主義リアリズムから幾何学模様、そしてロシア構成主義の見直し
- **018** 革命歌――パルティザン戦争で共産党やティトーを讃えたものが体制賛美の愛国歌に
- **020** 愛国歌「ユーゴスラヴィアよ」――各地の自然や地名を列挙する事で多様性と一体性を強調
- **022** 使っている本人も何の略語だかわからず――ユーゴスラヴィアの「略語文化」
- **024** ユーゴの前衛アートシーン――抽象画に傾倒することで社会主義リアリズムや体制に対抗
- **026** パルティザン演劇――解放区での移動プロパガンダ演劇集団は、元・国立劇場の俳優たち
- **027** ロヴロ・フォン・マタチッチとNHK交響楽団（N響）
  ――ハプスブルク文化を受け継ぐ「社会主義ユーゴのマエストロ」
- **028** ナイーヴアート――農夫のお絵かきを左派が「民衆の力」と称揚、海外セレブのお目当てにも
- **030** アカデミー――共和国・自治州ごとにあり、全国的な場が不在、ナショナリズム温床にも
- **031** イヴォ・アンドリッチ――ノーベル文学賞を受賞したユーゴスラヴィア主義者
- **032** ミロスラヴ・クルレジャ――文化政策のブレーンでありながら「クロアチアの春」を支持
- **033** ミロラド・パヴィチ――奇想と幻想の大作『ハザール辞典』
- **034** ニコラ・テスラ――世界ではマッド・サイエンティスト視されるも「祖国」では英雄扱い
- **036** 「東のハリウッド」――ティトーが率先してアメリカ映画界と結託、映画村や軍まで提供
- **038** 映画祭――ローマ時代の円形劇場をそのまま利用
- **040** ブラック・ウェーヴ――性的過ぎて映画祭公式上映拒否、被差別民ロマ主人公も
- **042** 海を渡った役者たち――ロシア東欧出身役のシェルベジヤと宇宙人役のフルラン
- **044** 西側映画にみるユーゴスラヴィア――第二次大戦からカジノ、社会主義団地、紛争地まで

046 ★ 生活

- **046** ピオニール――誰もが思い出す、赤いスカーフとティトー帽の社会主義版ボーイスカウト
- **050** 教育――民族・性別・年代を超え広く開放され、非同盟諸国の留学生も受け入れ
- **052** 革命聖地――宗教スポットを越える巡礼地も連邦解体後は「民族聖地」に座を譲る
- **053** 「同志」――隣人や同僚だけでなく、物乞いがせびる時や被告人が裁判官に呼び掛ける時にまで
- **054** 祝日――最優秀作品が実はナチスポスターの改変パロディと発覚、大スキャンダルに
- **056** 宗教――社会主義下でも許容される
- **058** スポティツァ――ハンガリー語も聞こえてくるヴォイヴォディナの多民族都市
- **060** サラエヴォ――パルティザン戦争の舞台ボスニアの首都で多民族国家の縮図は「ユーゴスラヴィア精神」の中心
- **064** 「民族」は問題にならなかった／なった――「諸民族の平等」の内実
- **066** ジョーク――社会主義体制への皮肉と民族のステレオタイプが人気
- **067** クム――外部から理解しづらい血縁より濃い関係
- **068** 女性向けライフスタイル雑誌――反ファシズム女性戦線は戦後、ヘアスタイルやコスメを紹介
- **070** 百貨店とスーパー――地元名店やローカルブランドも存在し、各共和国を象徴する存在に
- **074** 新聞――多言語で各種、キリル・ラテン両文字併用の新聞も。通信社はあのタンユグ

080 ★ 食

- **080** 肉食文化――豚商人が近代セルビア国家幕開けの指導者にまで
- **084** ラキヤ――「自家製作れなくなるかも」と、EU加盟反対の論拠にまで
- **086** ビール――ユーゴスラヴィア各地で地元ブランドが成長
- **088** コーヒー――欧州志向の北二共和国ではトルコ・コーヒーが激減
- **090** ボスニアのお菓子①　――やわらかゼリー・ラトルク

- **091** ボスニアのお菓子②——ハルヴァ
- **092** クラシュ——戦ってクッキーになっちゃったパルティザン英雄クラシュ
- **093** バンビ（Bambi）——子供の定番おやつ、今では国境を越えて大人買い
- **094** レド・アイス——三白眼気味の氷のクマちゃん、時代と共に少しずつ進化
- **095** ベカベラ・アイス——駄々こねれば2本ゲットも可能な安心感
- **096** ヴェゲタ——ユーゴスラヴィア民族料理の素
- **098** ゴレニェ——白物家電を広めたユーゴスラヴィアの松下電器
- **102** ラデンスカ——王国時代から多民族的ユーゴスラヴィア性を売りにしたミネラルウォーター

104 ★ファッション／雑貨

- **104** ファッション——「彼女、パリに知り合いでもいるのかしら？」
- **112** ボロヴォ——クロアチア紛争激戦地拠点の人気ローカット・スニーカー「スタルタス」
- **114** エラン——世界的スキーメーカーのルーツはパルティザンのスキー板工場
- **116** ザグレブのコーヒー「フランク」——代用コーヒーから本格コーヒーへ
- **118** キャンディー缶——ユーゴノスタルジーを思い起こさせるレトロドロップス
- **119** ペンカラの高級万年筆——固体インク式やシャープペンまで発明した事で知られる
- **120** 絵本——冷戦期の外交政策を象徴したブランコ・チョピッチ『ハリネズミのおうち』
- **122** コクタ——コカ・コーラが進出しても根強い人気を保つ程の独特なフレーバー
- **124** タバコ——川、湖、山からズバリ「ユーゴスラヴィア」まで

128 ★大衆文化

- **128** パルティザン映画——ティトー自ら制作に関与、次第にマンネリ化、現在新作品ゼロ
- **130** 『トップ・リスタ・ナドレアリスタ』——サラエヴォのニュー・プリミティヴの批判精神
- **131** テレビドラマ——パルティザン青春ドラマからシリアスな社会派作品まで
- **132** 戦争すらも笑い飛ばすコメディの伝統——ユーゴスラヴィアの娯楽映画
- **134** 音楽産業——複数レーベルが全国市場で競争、アーティスト出身地を越えてリリース
- **136** ロック音楽——イギリス人のフリして英語で歌い始め、抵抗の象徴よりは体制親和的
- **140** 「ビエロ・ドゥグメ」——多民族都市サラエヴォ出身のユーゴスラヴィアの「ビートルズ」
- **142** パンク——人民軍将校など上流階級の子弟が担い手となった結果、体制順応型
- **144** ライバッハ——ユーゴの「ナチス化」を痛烈に批判した世界的に有名なバンド
- **146** 多様な伝統音楽——アルプスのアコーディオンから一弦琴の吟遊詩人まで
- **148** トゥルボ・フォルク——農村でも人気になったオリエンタル民謡とダンス音楽のミックス
- **150** ロマ・ブラス——『アンダーグラウンド』で一躍有名になったバルカンを象徴するリズム
- **152** 音楽祭——新人アーティストの登竜門、そしてユーゴスラヴィア各地の若者の交流の場
- **154** ユーロヴィジョン——解体間際の1989年にようやく優勝
- **156** アラン・フォード——作者はイタリア人、舞台はアメリカ、そしてなぜかユーゴスラヴィア・コミックの古典
- **158** アニメーション——セル画を極限まで減らし欧米で潮流まで作った「ザグレブ派」
- **162** 「バルタザル教授」——ユーゴスラヴィアの一休さん（ただしおじいさん）
- **164** ビデオアート——公的・私的映像を混ぜ合わせ「幸福な社会主義とは何か？」を問う

166 ★そして、ユーゴノスタルジー

- **166** ユーゴノスタルジーTシャツ、懐メロ、ドキュメンタリー、ウェブサイト、居酒屋、カフェ
- **170** 『落第生のためのユーゴ連邦』——「ティトーは言われた、光あれ！」
- **172** 『YU神話学事典』——日常生活のあれこれをインデックス化するプロジェクト

- **174** ★ユーゴスラヴィア関連邦語文献1945～1991
- **178** ★旧ユーゴスラヴィア関連邦語文献1991～

- **182** あとがき
- **183** 謝辞

文化

プロパガンダ・アイコン――「白系ロシア人」がルーツのスクリギンの『コザラの女』

　大戦直後のユーゴスラヴィアにおいて、国民動員のためのプロパガンダとして最も重視されていたのは、写真によるイメージ戦略であった。ユーゴスラヴィア政府はいわゆる「御用」カメラマンだけでなく、アマチュアによる写真撮影の普及にも力を入れることによって、「新しい・進歩的な」社会の青写真を広めようとしていた。もちろん撮影すべき対象・手法は入念にコントロールされており、ユーゴ建設期において公式なモデルとなっていたのは、ソ連が唯一の表現手法と定めていた「社会主義リアリズム」（社会主義の未来を英雄的・楽天主義的なものと捉え、リアリスティックに描く手法。写真で言えば、「心からの大きな笑み（＝楽天的）で遠く（＝未来）を見つめる英雄（・労働者）の姿」が典型的）である。

　ユーゴスラヴィアにおける社会主義リアリズム写真として最も有名なのは「コザラの女（Kozarčanka）」だ。ボスニアのコザラ高地は、第二次大戦中の大規模な戦闘で知られており、パルティザンを称えるべく神格化された場所でもある。この写真で、戦争中とは思えない、満面の笑顔で振り返るパルティザン女性を撮影したのは、写真家ジョルジュ・スクリギン（Žorž Skrigin）である。スクリギンはオデッサ（現ウクライナ）出身で、エイゼンシュテインの『戦艦ポチョムキン』にも描かれたオデッサの反乱、そして十月革命を現地で体験したのち、いわゆる「白系ロシア人」の両親に連れられ、1922年にセルビアへ亡命した。歴史の皮肉とでも言うべきかその出自とは裏腹に、スクリギンはユーゴスラヴィア版社会主義リアリズムを代表する芸術家になる。パルティザン従軍時のティトーの肖像写真を担当していたのも、このスクリギンである。「楽しさ」を何より重視していたソ連の社会主義リアリズムは、ユーゴではほとんど定着しなかったが、この「コザラの女」（のちに、従軍看護師のミリャ・マリン（Milja

スクリギン、セルフポートレイト。1943年 Ž. Skrigin, *Rat i pozornica*, Beograd, 1968, 113

ジョルジ・スクリギン撮影『コザラの女』(同、249)

Marin)という女性であることが明らかになる)の写真は、ユーゴスラヴィア共産主義プロパガンダの旗印として様々な場面で用いられてきた。そして、今に至るまでCDジャケットや本のカバーなどで用いられている。そのニュアンスが肯定的であれ、共産主義時代をアイロニカルに示すものであれ、ユーゴスラヴィアという国家のアイコンとして強いインパクトを持ち続けていることは確かだ。(亀田真澄)

反ファシズム記念碑――個人崇拝は避け、巨大コンクリート剥き出し抽象モチーフ

共産主義時代の東欧諸国の景観を特徴付けていたものとして、レーニン、スターリン、赤軍兵士や労働英雄たちの巨大な彫像が挙げられる。これらは英雄たちの「偉大さ」を、モニュメントの「大きさ」によって顕示するものであった。ソヴィエトではすでに十月革命の翌年、ロシア帝国にかかわる記念碑の撤去と、社会主義革命を記念する彫像の設立がレーニンの署名入りで決定されており、プロパガンダの手段として彫像というメディアが重視されていたことがわかる。これは第二次大戦後の東欧諸国にも引き継がれ、各人民共和国の首都には、社会主義の勝利を記念する巨大モニュメントが立ち並ぶこととなった。

このなかでユーゴスラヴィアにおける「彫像事情」は、他の東欧諸国とは少し異なっている。ユーゴスラヴィア時代、ティトー像建立の要望は多数提出されていたにもかかわらず、ほとんど実現することはなかったという。特に、ユーゴスラヴィアでは各共和国にティトーの名を冠した都市があり、これらの都市はしばしば街のシンボルとしてティトー像を設置することを計画していたものの、いずれも党によって却下されていた。ここにも、個人崇拝におけるソ連モデルとの違いを見ることができるだろう。ティトーの彫像としては、彫刻家アントゥン・アウグスティンチッチ（Antun Augustinčić）によって、1948年にティトーの出生地クムロヴェツ（Kumrovec）に建立されたものがある。しかし、コートをなびかせ、うつむき加減に立つティトー像は、ほぼ実物大のものであり、巨大なスターリン像には並ぶべくもない（なお、この彫像は2004年、頭部を破壊された状態で発見された）。

巨大な彫像は、ユーゴスラヴィアでは60年代から70年代になって初めて建てられることになる。これらは、ファシズムの脅威とパルティザンの勝利という記憶

ポドガリッチの「革命記念碑」
（*Review: Yugoslav Monthly Magazine*, 1973年5月号, 18-19）

ヤセノヴァツの「花」。強制収容所の犠牲者を悼む。
（*Review*: 1973年5月号, 20-21）

を風化させないよう、第二次大戦のさまざまなモーメントを記念するものだった。しかし、ほとんどの巨大彫像が郊外にあること、また抽象的なモチーフが用いられていた点で、やはりソ連や東欧諸国のものとはタイプが違う。この時期のモニュメント制作の代表的存在は、彫刻家ドゥシャン・ジャモニャ（Dušan Džamonja）。ジャモニャによるモニュメントには、ポドガリッチ（Podgarić）（クロアチア）の丘のうえに立つ、翼のついた目のようにも見える「革命記念碑」（1967年）、第二次大戦でのパルティザン活動のシンボル・コザラ高地（ボスニア・ヘルツェゴヴィナ）の戦いを記念する「革命記念碑」（1972年）などがあるが、いずれもコンクリートの質感がむき出しとなっており、今となっては異様な存在感を醸し出している。「バルカンのアウシュヴィッツ」と呼ばれる強制収容所のあったヤセノヴァツ（Jasenovac）にも、1966年、犠牲者を悼むべく、ボグダン・ボグダノヴィチ（Bogdan Bogdanović）によって「花」像が作られている。住宅地のわきに突如として現れる、このコンクリート製の巨大なモニュメントは、その背後に広がる強制収容所跡のうち捨てられた荒廃ぶりを、むしろ強調しているように見える。（亀田真澄）

こちらは、ボスニアのティエンティシュテ（Tjentište）の記念碑。（*Review*, 1972年1-2月号, 9）

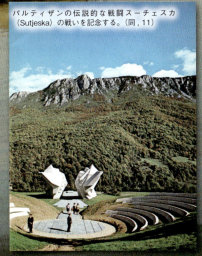

パルティザンの伝説的な戦闘スーチェスカ（Sutjeska）の戦いを記念する。（同, 11）

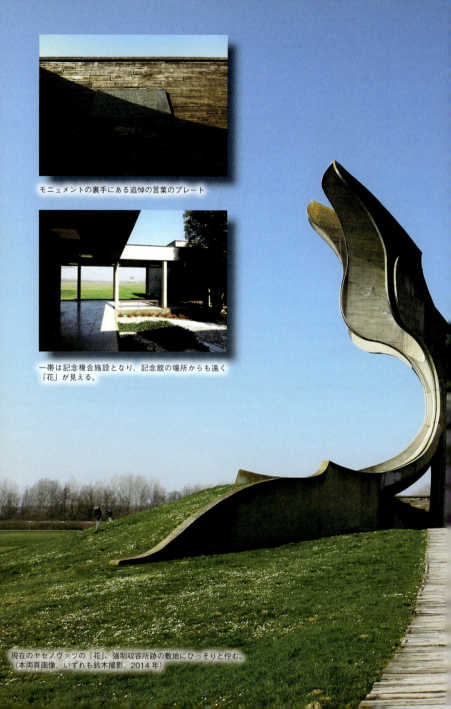

モニュメントの裏手にある追悼の言葉のプレート

一帯は記念複合施設となり、記念館の場所からも遠く「花」が見える。

現在のヤセノヴァツの「花」。強制収容所跡の敷地にひっそりと佇む。
（本両頁画像、いずれも鈴木撮影、2014年）

モニュメントを目印に、収容所施設の所在を示す案内図。

モニュメントの真下から。

青年の日に毎年行われたユーゴスラヴィア人民軍スタジアムでのマスゲーム
(*Moderna srpska država 1804-2004: hronologija*, Beograd, 2004, 374)

マスゲーム――群衆のモニュメントとしての人文字

　共産圏のスペクタクルというと、仰々しい軍事パレードを思い起こす人も多いかもしれない。あるいは、大規模なマスゲームを頭に浮かべる人もいるだろう。ユーゴはどちらかというとこのマスゲーム型である。もともとソ連において、1917年の革命直後の時期、新しい政権が民衆の祝祭を国家規模のスペクタクルへと組織し直すことで、未だ識字率の

ティトー「Tito」の人文字。(R. Leposavić ed., *VlasTito iskustvo: Past Present*, Beograd, 2005, 30)

1986年の「青年の日」の祭典。電飾が用いられ、亡きティトーの肖像も見える。(*Review*, 1986年7-8月号, 21)

低い社会に向け、新しい政府の正当性を視覚的に提示しようと試みたのが共産圏のスペクタクル文化の始まりである。革命の直後には5月1日のメーデーと11月7日の十月革命記念日に大規模なパレードやマスゲームを組織することとなり、この風習は戦後の共産圏にも輸出された。もちろん、集団スペクタクルによるプロパガンダは共産圏に限ったことではなく、たとえばナチス・ドイツの党大会においても大々的なマスゲームが組織されていたことは有名だ。

ユーゴスラヴィアでも大戦後すぐに戦勝パレードが開催され、その後もユーゴスラヴィア人民軍によって各種スペクタクルが組織された。特に、青年の日（5月25日）のユーゴスラヴィア人民軍スタジアムでの大規模なマスゲームが有名だ。広大なスタジアムの客席後方にはティトーが列席し、群衆が織りなす様々なパフォーマンスを見渡していた。なお、1960年代からは照明の効果を利用すべく、イベントは夜間に行われることとなった。

ソヴィエトでは組体操などによって垂直への運動を示す傾向が主であったのに対して、ユーゴスラヴィアのマスゲームの特徴としては、「人文字」が作られていたことが挙げられる。ティトーの手書きサイン、五角星などが人文字で表されていたが、これは、当時の他の東欧共産圏ではあまり見られないものであった。群衆が集まってひとつの形状を構成するユーゴスラヴィアのマスゲームは、民族間の平等、多民族の共存、ヒエラルキーのない社会といったユーゴスラヴィアの理想像を体現する、生きた群衆のモニュメントであった。（亀田真澄）

「選挙に行こう！」1950年のポスター。(*Između straha i oduševljenja: primeri grafičkog dizajna u Srbiji 1950-1970*, Beograd, 2009, 付属CD, スライド5)

ポスター——ソ連式社会主義リアリズムから幾何学模様、そしてロシア構成主義の見直し

　国民に広くかつ直接的に働きかけるプロパガンダ・ポスターは、当時の政治状況にあうように入念にデザインされていたため、書かれたスローガンを越えて多くのことを語ってくれる。ユーゴスラヴィアのプロパガンダ・ポスターを見てみると、1940年代のポスターにはソ連式社会主義リアリズムの色彩が強く、ソ連との関係の深さが見てとれる。ただし1948年のコミンフォルム追放を経て、1952年にはソ連の影響下から離れることが目指されたため、1950年代になってくると、幾何学的なデザインが多くなる。「選挙へ行

1963年「黄金のペン」展ポスター。(同、スライド48)

「第一次五カ年計画遂行のために、国債を買おう！」1951年。(同、スライド8)

「選挙に行こう！」1958年のポスター。(同、スライド30)

ジャーナリズム写真の展覧会ポスター、1957年。(同、スライド28)

「黄金のペン」展ポスター、1968年。(同、スライド53)

第1回「発明と技術進歩」展ポスター、1966年。(同、スライド59)

「どこでも、いたるところを清潔に」、1950年。(同、スライド7)

60歳の誕生日を迎えるティトーを歓迎するポスター、1952年。(同、スライド14)

週刊紙『労働者(Radnik)』の宣伝ポスター、1954年。(同、スライド85)

年末の催事「最も陽気な15日」のポスター、1968年。(同、スライド67)

こう！」と書かれたポスターの1950年版と1958年版を比べてみても、スタイル上の変化は一目瞭然であろう。写真素材を組み合わせるものとしては、1957年にベオグラードで開催されたジャーナリズム写真の展覧会のポスターが印象的だ。1950年代終わりから1960年代にかけてのユーゴでは、ロシア・アヴァンギャルドやロシア構成主義といった、ソ連初期の前衛的な芸術運動の見直しが起こったが、これはポスターデザインにも反映されており、フォトコラージュを主とする斬新な構図のポスターが多数作られた。1960年代になると、シンプルで洗練されたデザインが流行する。ベオグラードで開催されていた「黄金のペン」と呼ばれるイラストレーション展は、デザインを競う展覧会だけにポスターのデザインも最先端だ。1963年のポスターと1968年のポスターは両方とも、ペン先をイメージしたフォルムを用いつつすっきりとまとめた作品になっている。(亀田真澄)

←写楽展ポスター、1953年。(同、スライド15)

軍事博物館(ベオグラード)90年、1968年。(同、スライド66)

人道活動の100年(1864〜1964年)に関するポスター、1964年。(同、スライド53)

第4回国際服飾フェア「世界のモード」、1963年。(同、スライド49)

「ユーゴスラヴィア書籍展」のポスター、1961年(同、スライド42)

セルビア人国民劇場90年のポスター、1951年。(同、スライド12)

ユーゴスラヴィア共産主義者同盟(SKJ)創設40年、1959年(同、スライド36)

第一次五カ年計画のポスター、1951年。(同、スライド9)

「青年の日」のポスター、1960年。(同、スライド39)

1977年のレコード「ティトーの歌」

革命歌——パルティザン戦争で共産党やティトーを讃えたものが体制賛美の愛国歌に

　社会主義国の常として、ユーゴスラヴィアにおいても、パルティザン戦争（すなわち革命戦争）中には、数多くの革命歌が作られそして歌われた。革命歌の中には、当時のイタリアのパルティザンによって歌われていたもの（「ベラ・チャオ」「バンディエラ・ロサ」など）がそのまま歌われたり、あるいはソ連の革命歌が取り入れられたりしていた（「森と山の間に」など）ものもある。また、数多くの歌が、共産党やティトーの栄誉をたたえて作られ、これらの歌は戦後においても、愛国歌として体制賛美の目的をもって幅広く歌われていた。学校教育や、子供たちを対象にしたピオニールの活動の中でもよく歌われた。革命歌の中には、「権力と不正は滅びよ、人民がお前を裁きの場に引き出す」（「権力と不正に滅びを」）とか、「敵は呪いの言葉を聞くがよい／血塗られた戦いが行われている／自らの国を渡すくらいならば、我々は死を選ぶ」（「森と山の間に」）といった、子供たちにはややおどろおどろしいと思われるような歌詞を持つものもあった。もちろん子供たちが、

1978年のレコード「ティトーの歌」

歌詞の意味をよく理解していたとは言い難いが。また、ティトー個人を賞賛する革命歌も多数作られた。「ティトー元帥とともに」は、「英雄的な息子ティトー元帥とともにあれば、地獄すら我々を妨げることはできない／我々は頭を上げて、胸を張って歩き、力強く拳を固める」と歌う。これらの革命歌は、パルティザン映画の中でも好んで用いられ、また、青年労働活動の際にもよく歌われた。

　社会主義体制の崩壊とユーゴスラヴィアの解体を契機として、これらの歌が公的な場で歌われることは全くなくなった。革命歌に代わって、民族主義歌謡が子供たちの愛唱歌となった。社会主義体制が負のものとして歴史に葬られるとともに、これらの革命歌も永遠に人々から忘れ去られてしまうのかと思われた。しかし、2000年代半ば以降、ユーゴノスタルジーが広がる中、これら革命歌を歌う若者たちの合唱団がユーゴスラヴィア各地に結成されているという。もちろん、ユーゴスラヴィアの社会主義を直接的に称揚するためのイデオロギー的な色彩はない。しかし、ユーゴスラヴィアの社会主義体制には、多くの問題もあったがポジティヴな面も存在したということが、徐々に理解されつつあることを示す現象ではあるだろう。（山崎信一）

1978年発売のダニロ・ジヴコヴィチの「ユーゴスラヴィアよ」

愛国歌「ユーゴスラヴィアよ」─各地の自然や地名を列挙する事で多様性と一体性を強調

　ユーゴスラヴィアでは、さまざまな革命歌に加えて、ユーゴスラヴィアと「友愛と統一」を讃える愛国歌も数多くつくられた。それらの愛国歌の中で、最も良く知られ、最も良く歌われ、最も愛された歌が、「ユーゴスラヴィアよ（Jugoslavijo）」である。何人かの歌手がレコードを発売しているが、最もよく知られているのは、1980年に女性グループのラダリツェ（Ladarice）によって歌われたものであろう。ティトー死去直後のこの時期、ユーゴスラヴィアの先行きへの不安を振り払うかのように、実に多くの愛国歌がつくられたのだった。

　民謡のリズムに乗せて明るく歌われる「ユーゴスラヴィアよ」は、その出だしの歌詞「ヴァルダル川（Vardar）からトリグラウ山（Triglav）まで、ジェルダップ峡谷（Đerdap）からアドリア海（Jadran）まで（Od Vardara pa do Triglava, od Đerdapa pa do

ハムディヤ・チュストヴィチの「ユーゴスラヴィアよ」

トリグラウ山
http://upload.wikimedia.org/wikipedia/commons/0/0a/Triglav.jpg（CC BY-SA 3.0）

スコピエを流れるヴァルダル川（*Review*, 1973年7-8月号, 24）

ラダリツェの「ユーゴスラヴィアよ」

Jadrana）」でよく知られる。ヴァルダル川はユーゴスラヴィアの南、マケドニアを流れる川、トリグラウ山は北のスロヴェニアにあるユーゴスラヴィアの最高峰、ジェルダップは東、ルーマニア国境にあるドナウ川の峡谷、アドリア海はユーゴスラヴィアの西に広がる海である。川、山、谷、海と、地名を織り交ぜながらユーゴスラヴィアの自然の多様性を見事に歌っている。歌は引き続いて、「一つなぎの輝く首飾りのように、明るい太陽に照らされて輝いている。バルカンの真ん中に誇り高くある。ユーゴスラヴィアよ、ユーゴスラヴィアよ」と続く。

　この「ヴァルダル川からトリグラウ山まで」は、今に至るまで「（旧）ユーゴスラヴィア」の代名詞としてさまざまに引用され、頻繁に用いられている。この曲を聴くとユーゴスラヴィアの昔を思い出すという人も、多いはずである。（山崎信一）

使っている本人も何の略語だかわからず――ユーゴスラヴィアの「略語文化」

　社会主義体制の特徴のひとつに、「略語文化」とでも言うべきものがある。社会主義国の本家、ソ連は、長大な正式名称「ソヴィエト社会主義共和国連邦」を持ち、故に普段は略語CCCP（英語ならUSSR）が用いられていた。こうした特徴は、東欧の社会主義諸国にも受け継がれ、社会主義ユーゴスラヴィアも例外ではなかった。正式な国名は、まず、

1971年刊行の『ユーゴスラヴィア略語辞典』

「ユーゴスラヴィア連邦人民共和国（Federativna Narodna Republika Jugoslavija）」、ついで「ユーゴスラヴィア社会主義連邦共和国（Socijalistička Federativna Republika Jugoslavija）」であったが、いずれも、FNRJ、SFRJとの略称が用いられた。この、長大な正式名称と略語使用という文化は、国名のみならず政治や行政のあらゆる局面にみられていた。これは組織名に特に顕著で、支配政党である「ユーゴスラヴィア共産党（Komunistička partija Jugoslavije）」（KPJ、のちに「ユーゴスラヴィア共産主義者同

盟（Savez komunista Jugoslavije）」SKJ）をはじめ、人民戦線組織の「ユーゴスラヴィア社会主義労働人民同盟（Socijalistički savez radnog naroda Jugoslavije）」（SSRNJ）、「人民解放戦争闘士組織同盟 Savez udruženja boraca Narodnooslobodilačkog rata」（SUBNOR）などがある。ここにみられるように、第二次大戦中のパルティザン戦争も、「人民解放戦争（Narodnooslobodilački rat）」（NOR）の名前で呼ばれていた。

　この他、ユーゴスラヴィアの社会主義体制に特徴的なものも多数みられた。連邦政府は、正式には「連邦執行会議（Savezno izvršno veće/vijeće）」と呼ばれ、その略称 SIV が連邦政府を指していた。いきなり SIV と言われても、それが政府を指すとは外国人にはわからない。また、KP dom（カーペー・ドム）とは、「処罰・矯正施設（kazneno-popravni dom）」の略で、刑務所のことである。こうしたユーゴスラヴィア略語文化にさらに花を添えたのが、1974年の連合労働法制定による自主管理社会主義の制度化であった。国有企業は、労働者自主管理に基づく社会有企業となり、企業内の組織として、「連合労働基礎組織（osnovna organizacija udruženog rada）」（OOUR）や「連合労働複合組織（složena organizacija udruženog rada）」（SOUR）などが設置された。こうなると、そこに属する人々も、自らの組織を略語で呼ぶが、それが何を意味しているのかわかっていないという状況になった。

　社会主義体制の崩壊は、こうした社会主義ユーゴスラヴィア的な略語を一掃したが、略語文化そのものが途絶えたのではなかった。複数政党制の導入によって、政党名の略称はむしろ数限りなく増殖してもいる。（山崎信一）

第2巻に登場した社会主義団地「ルード」2号棟の入口に残る、工事請負業者を示すプレート。〈ZOOUR（連合労働基礎組織共同体）「ロマニヤ」〉とある。（鈴木撮影、2013年）

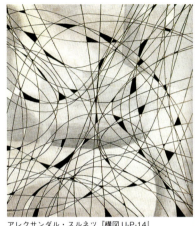

アレクサンダル・スルネツ『構図 U-P-14』
D. Djurić and M. Šuvaković eds., *Impossible Histories: Historical Avant-gardes, Neo-avant-gardes, and Post-avant-gardes in Yugoslavia, 1918-1991*, Cambridge, Mass., 2003, 180

OHO『サウンド・ブック』(1967)
Impossible Histories, 87

ユーゴの前衛アートシーン──抽象画に傾倒することで社会主義リアリズムや体制に対抗

　共産主義時代の文化とひと言にいっても、検閲の実態にはそれぞれの国で大きな違いがあり、文化の「自由度」は国によってまちまちであった。ユーゴスラヴィアは他の共産圏と比較すると文化活動がかなり自由なほうであり、1950年代の初めには、現行の政治体制への批判を打ち出したネオ・アヴァンギャルド運動が勃興していた。

　まずは1951年、抽象芸術を標榜するEXAT51グループがザグレブで結成される。EXAT51のメンバーたちは主に絵画作品を発表していたが、例えば設立者の一人であるヴラディミル・クリストル（Vladimir Kristl）はアニメーション作家でもあるなど、活動は様々な視覚芸術ジャンルにわたっていた。EXAT51の特徴はなによりも、幾何学的な抽象的デザインであり、一見するとその政治的意味はわかりにくい。ただし、それは「社会主義の現実をリアリスティックに描く」ことが絶対命題であった社会主義リアリズムの時代にあって、抽象絵画に傾倒することは、それだけで十分に反体制的活動であった。

　セルビアでは1953年に芸術家グループ・メディアラ（Mediala）があらわれ、ユーゴスラヴィアのコンセプチュアルアート・シーンを先駆けた。メンバーのレオニド・シェイカ（Leonid Šejka）は、ゴミ捨て場から拾ってきたものに色を付けるアクションを行ったが、舞台となったゴミ捨て場の壁には「ティトー万歳！」という落書きが見えるなど、体制賛美メッセージの「裏側」に焦点が当てられていた。

　1960年代には、スロヴェニアのOHOグループの活動が目覚ましい。彼らは書物という形態のオーディオ・ヴィジュアルな側面に着目した作品群を発表（OHOというグルー

クロアチアの芸術家ムラデン・スティリノヴィチによるインスタレーション。上・右：共産主義時代を既に死んだ「記号」とみなしたインスタレーション「死者の搾取」(1980〜1990年)
B. Stilinović, T. Milovac eds, *Mladen Stilinović: Exploitation of the Dead*, Zagreb, 2007［頁数記載なし］.
下：同じくムラデン・スティリノヴィチの「赤-ピンク」(1973〜83年)。共産主義の「赤」と資本主義的・ポルノ的ピンクと組み合わせた問題作。*Mladen Stilinović: umetnik na delu 1973-83*, Ljubljana, 2005［頁数記載なし］.

プ名は「目（oko）」と「耳（uhо）」を組み合わせたもの）した。『サウンド・ブック（Zvočna knjiga）』（1967年）は、肌理の粗い紙を入れたボックス型の本で、中にはテキストやイラストのついた紙が入っている。最初のページには「サイレンス」、そのあとには様々なイラストの描かれたページが続くが、それらの紙は素材上、めくるとガサガサと音を立てる。最後のページにはひと言「ノイズ」と書かれており、本を読むというプロセスが実は様々な「音」を伴うということを前景化している。

　ユーゴスラヴィアでは1952年に検閲機関が廃止されたことにはなっていたが、これは建前だけで、実際には検閲がなくなることはなかった。すべてが政治的に「正しく」あらねばならない文化的・社会的土壌において、ユーゴスラヴィアのネオ・アヴァンギャルド運動は、「政治的でない」作品を創作することによって、逆に鮮烈な政治的メッセージ――すべてのものが共産主義イデオロギーに回収されはしないということ――を表明していた。（亀田真澄）

パルティザン演劇——解放区での移動プロパガンダ演劇集団は、元・国立劇場の俳優たち

　第二次大戦中、新聞・雑誌等の流通経路が確立されていない、またそもそも識字率の低い当時の農村部において、人々に馴染みの薄い共産主義イデオロギーを受け入れさせ、新しい国家形成の下地を準備した文化活動として、移動演劇の果たした役割が大きかった。ソ連でも十月革命直後の内戦期には、ニュースを寸劇仕立てで伝えるアマチュア劇団が国民動員のために各地を巡業していたが、ユーゴスラヴィアではパルティザン内の演劇グループ「人民解放劇場」が1942年から1944年まで、パルティザンによって「解放」された地域を移動しながら演劇活動を行っていた。これは、1942年にクロアチア国立劇場のメンバーが劇団を脱して自主的に形成したグループである。パルティザンが解放区を広げていくにしたがって、クロアチア沿岸部から戦闘の続くボスニアへ進み、各地で演劇の上演と、パルティザンによる解放を記念する様々な催し物を行っていた。

　演劇のレパートリーには、トルストイやゴーゴリなどロシア文学に基づく作品のほか、ベオグラード生まれの戯曲家ブラニスラヴ・ヌシッチ（Branislav Nušić）の作品がしばしば上演されていた。ヌシッチの作品は主に王国時代のセルビアを舞台として、中流階層に属する様々な市民の生活や心理を丁寧に描き出すものが多い。なおヌシッチの本名は、アルキビヤド・ヌシャ（Alkibijad Nuša）。ユーゴスラヴィアでは聞きなれない名前であるが、これは、ヌシッチがアルーマニア人（ルーマニア語に似たロマンス語系の言語アルーマニア語を話す、バルカン半島南部一帯に居住する民族）であるためだ。

　クロアチア国立劇場の元・バレエダンサーで、人民解放劇場の設立メンバーであるジョルジュ・スクリギンはのちに、「演劇を観たことがないどころか、『演劇』という言葉自体を初めて聞く人だって多かった」と、当時の農村における文化水準について述べているが、人民解放劇場は兵士や民衆をイデオロギー的に鼓舞するのみでなく、農村地域に近代文化の雰囲気を吹き込もうとしていたことが特徴的である。ソ連初期の移動演劇が、いずれも十月革命やそれに続く内戦での勝利を題材にするものばかりであったのに比べると、ユーゴスラヴィアのパルティザン演劇は、母体がクロアチア国立劇場のメンバーだったということもあって、その演目はかなり「ハイソ」であった。（亀田真澄）

解放区での舞台の様子。
Rat i pozornica, 229.

ロヴロ・フォン・マタチッチとNHK交響楽団（N響）
——ハプスブルク文化を受け継ぐ「社会主義ユーゴのマエストロ」

　ロヴロ・フォン・マタチッチ（Lovro von Matačić 1899-1985）という指揮者は、クラシック音楽のオールドファンには懐かしい名前だろう。戦後日本のクラシック音楽シーンでは、冷戦下にあって西側諸国へ訪れる機会の少なかった社会主義諸国の演奏家たちが招聘され、愛好家たちはそうした「幻の音楽家たち」の演奏から多くを学んだ。1960年代以降、NHK交響楽団にたびたび招かれたマタチッチもまたそうした演奏家の一人だった。彼の指揮した曲目のなかでも、ハプスブルク文化圏で育まれた作曲家たちの作品については定評があった。とりわけ彼のブルックナー演奏は、戦後日本のクラシック音楽ファンにとって「聖書」のごとき意味をもった。NHK交響楽団の長い歴史のなかでも、彼が最後に来日した1984年のN響定期演奏会で指揮したブルックナーの8番交響曲は名演として記憶されている。

　マタチッチのブルックナー演奏がとりわけ評価されていたことには理由がある。彼は確かに現在の政治区分で見ればクロアチア出身であるが、彼の音楽家としての来歴に注目するならばハプスブルク帝国の出身とみるべきである。17世紀に授爵された名門貴族の家庭に生まれた彼は、幼くしてウィーンへ出て、著名な少年合唱団に入団するとともに現地の音楽アカデミーで研鑽を積んだ。直接ブルックナーに師事した訳ではないが、師事した作曲家や演奏家はブルックナーとも関係があり、多重的な和声を特徴とするブルックナー演奏の正統的な解釈者として育つ環境にあった。この環境は音楽芸術の面で見れば、「世紀末ウィーン」と称されたコスモポリタンな雰囲気にも溢れていた。

　マタチッチの人生のなかで彼の政治的スタンスを伝える逸話が知られている。第二次世界大戦中、彼はナチス・ドイツの影響下にあったクロアチアで音楽演奏を監督する立場にあった。ティトーらのパルティザン活動に批判的だったとも伝えられ、実際に彼は大戦中の活動を理由に投獄、死刑宣告まで受け、赦免後も親ドイツ主義者を理由に音楽活動はままならなかったという。東欧の社会主義体制に批判的だったかどうかについて知る術がないが、1968年の来日公演では「プラハの春」事件への抗議としてチェコスロヴァキアのためにスメタナの『我が祖国』を急遽演奏した。フォン・マタチッチという名前を使い続けた彼のアイデンティティは、クロアチアもチェコスロヴァキアもオーストリアも包摂するトランスナショナルなハプスブルク文化圏にあったことを想起させる。そんな彼の人生は、旧ハプスブルク圏のエリートが新しい社会主義ユーゴスラヴィアという世界に対してどのような反応をしたかを見る鏡のようにも見える。そこには、ハプスブルクとユーゴスラヴィアという2つの多民族的な空間の間に生じた調和と軋轢が映し出されているのだ。（古谷大輔・百瀬亮司）

「伝説」の1984年公演を収録したCD。

イヴァン・ラツコヴィチ『枯れていく木々』(1983年) 世田谷美術館『ユーゴスラヴィア――11人の素朴な画家』1986年 57.

ナイーヴアート―農夫のお絵かきを左派が「民衆の力」と称揚、海外セレブのお目当てにも

　前近代的な生活様式を克服し、新しい近代国家を樹立する――これは、社会主義国家の典型的なスローガンである。しかしその裏で、農村文化は新しい国家建設の基礎であったことも忘れてはならない。ユーゴスラヴィアではパルティザン運動においても、民謡の歌詞をパルティザン風に替えた多種多様な歌やスローガンが作られ、民衆たちを戦地へと向かわせる士気高揚プロパガンダに一役買っていた。社会主義政権下においても農村文化は、イデオロギーを邪魔しない限りにおいてむしろ称揚されていた。そのひとつとして、専門教育を受けていない農村画家による「ナイーヴアート（絵画）」がある。

　フランスの画家アンリ・ルソーに始まるナイーヴアートは、1920年代の欧州で支持されるようになったが、クロアチアでは左派思想と結びつくかたちで独自な発展を遂げた。画家クルスト・ヘゲドゥシッチ（Krsto Hegedušić）は、廃頽した近代美術に取って代わるべきは西洋文化に汚染されていないユーゴスラヴィアの農村文化であるという確信のもと、土地に根差す芸術を目指す画家集団「大地（Zemlja）」を1929年に創設した。ヘゲドゥシッチは自身でも農民をモチーフとした絵画等を発表していたが、故郷のフレビネ（Hlebine）村で当時17歳に過ぎなかった農夫イヴァン・ゲネラリッチ（Ivan Generalić）の絵を見て愕然とする。ゲネラリッチが何の専門的教育も受けずに、何の評

価も期待せずに趣味として描いていた絵画のスタイルは、当時の左派芸術家たちが追い求めていた「民衆の力」そのものに見えたのだ。ヘゲドゥシッチがゲネラリッチ、同じくフレビエ村のフラニョ・ムラズ（Franjo Mraz）の作品を「大地」第3回展覧会に出品させると、ナイーヴアートは一挙にクロアチア左派芸術の旗印となった。

お皿に絵を描くおばあちゃんのアトリエ。
（鈴木撮影、コヴァチツァ、2009年）

　社会主義ユーゴスラヴィア以降、公式文化のイデオローグであったオトー・ビハリ＝メリン（Oto Bihalji-Merin）の影響下で、ナイーヴアートは「ユーゴ文化」の重要な基層とみなされるようになった。初期は作家によって様々な手法が用いられていたが、このころのナイーヴアートは、ガラスのうえに色鮮やかな油彩によって農村の伝統的生活を描くというスタイルに収斂していく。1950年、ヘゲドゥシッチはザグレブアカデミーの教授に就任し、またゲネラリッチの名は1953年のパリでの個展開催、1955年のサンパウロ第3回ビエンナーレ展への出品を経て、国際的にも知られるようになっていった。日本でも1986年には世田谷美術館で「ユーゴスラヴィア──11人の素朴な画家」と題する展覧会が開かれており、ユーゴ・ナイーヴアートの代表作が展示されている。

　さらに、ユーゴ・ナイーヴアートが国際的な名声を得たのは、著名な画家を輩出したためというより、集団的な「ナイーヴアート運動」が各地で巻き起こったためとも言える。なかでも有名なのは、セルビア北部ヴォイヴォディナ自治州のスロヴァキア人村・コヴァチツァ（Kovačica）だ。普段は農業に携わりつつ、仕事の合間に村の風景、日常生活、動物や草木などの絵を描いたり、また頼まれて室内や外壁装飾をしたりしていた人々が、1950年代以降、一緒に集って創作活動を行うようになった。コヴァチツァの農民芸術家グループは、1960年代から70年代にかけて海外の美術家や愛好家の注目を集め、80年代には数多くの展覧会が催されるようになった。スペイン国王フアン・カルロス1世やローリング・ストーンズなど世界的なセレブリティも、ナイーヴアートを目当てにコヴァチツァ村までやって来たという。コヴァチツァはベオグラードから50キロと比較的近く、バスで行っても1時間ほど。コヴァチツァ観光協会では半日のツアーが用意されていて、事前に申し込めば、ナイーヴアートの作品が集まる「ナイーヴアート・ギャラリー」、ナイーヴアート画家のアトリエなどを案内してくれるので、気軽にこの町の芸術を味わうことができる。（亀田真澄）

アカデミー——共和国・自治州ごとにあり、全国的な場が不在、ナショナリズム温床にも

　社会主義国において「科学アカデミー」というのは、最高位の学術機関であり、学問のヒエラルキーの最上位を占める組織である。西側諸国の多くにも、アカデミーにあたる組織はあるが（日本であれば「日本学士院」がアカデミー組織である）、その権威は社会主義国が圧倒的である。かつてのユーゴスラヴィアにもアカデミー組織はあったが、全国的なアカデミー組織は存在しなかった。分権的連邦制を反映して、アカデミーは共和国・自治州単位に設置されていた。いや、学術組織のほぼすべてが共和国・自治州単位だったと言っても良い。例外だったのは、人民軍内に設置された軍事史研究所くらいだった。

　この地域におけるアカデミーの歴史は、19世紀にさかのぼることができる。各共和国・自治州のアカデミーのうち、3つが社会主義時代以前にルーツを持っている。もっとも古いのは、ザグレブの「ユーゴスラヴィア科学芸術アカデミー（Jugoslavenska akademija znanosti i umjetnosti）」で、1866年の創設である。この組織は、ユーゴスラヴィアを名乗っているが、実質はクロアチアのアカデミーであり、実際に1990年代の連邦解体後にはクロアチア科学芸術アカデミーと改称された。次いで古いのが、1886年に生まれたセルビア科学芸術アカデミー（Srpska akademija nauka i umetnosti）である。その後さらにスロヴェニアのアカデミーが、1938年に創設された。社会主義体制となってからも、これら3つのアカデミーは各共和国の最高学術機関としての活動を続けた。

　その後ユーゴスラヴィアの連邦制が分権的色彩を強め、各共和国・自治州の平等が必要とされる中、残りの共和国・自治州にもアカデミーが次々と設立された。1966年にボスニア・ヘルツェゴヴィナ、1967年にマケドニア、1976年にモンテネグロ、1978年にコソヴォ、1979年にヴォイヴォディナがアカデミーを得た。これらのアカデミーの連合組織として、科学芸術アカデミー協議会というものも存在したが、学術機関ではなく各アカデミーの連絡・調整にあたるものだった。

　全国的なアカデミーの不在は、ある意味、全国的な学術研究の場の不在でもあった。各共和国のアカデミーは、それぞれの民族のナショナリズムを主張する場ともなった。1971年の「クロアチアの春」では限定的ながらアカデミーもその担い手のひとつとなり、1980年代にはセルビア・アカデミーのメモランダムが、セルビア・ナショナリズムのマニフェストとして扱われた。

　アカデミーは共和国・自治州ごとにあり、連邦解体後にアカデミーが解体はしなかった。しかし、ボスニアやモンテネグロでは政治的分裂を反映して、アカデミー組織も分裂を余儀なくされた。残念なことだが、いつの時代も学術研究は常に政治的介入と隣り合わせだ。(山崎信一)

セルビア科学芸術アカデミー（鈴木撮影、2008年）

イヴォ・アンドリッチ——ノーベル文学賞を受賞したユーゴスラヴィア主義者

　ユーゴスラヴィアが輩出した唯一のノーベル賞受賞者は、ボスニア出身の作家イヴォ・アンドリッチ（Ivo Andrić 1892-1975）である。ユーゴスラヴィア王国時代には外交官としてフランスやドイツに駐在していたが、大戦中には政治犯の疑いをかけられ、ベオグラードで隠遁生活を余儀なくされた。アンドリッチはこのあいだに多くの小説をしたためており、大戦終結後の 1945 年にそれらの小説を次々と発表、なかでも『ドリナの橋（Na Drini ćuprija）』『ボスニア物語（Travnička hronika）』『サラエボの女（Gospođica）』は「ボスニア三部作」としてのちに「ユーゴスラヴィア文学」のカノンになる（邦題は邦訳に準じた）。

　作品群はすべて、アンドリッチの故郷であるボスニアを舞台とするもので、社会的・言語的・宗教的・文化的多様性に富んだ「ユーゴスラヴィア文化」の理想を体現するものだった。1961 年、「自国の歴史から引き出された主題の追及と、人間の運命を描き出す叙事詩的力量」が高い評価を受け、ノーベル文学賞を受賞する。これはベオグラードで第 1 回非同盟諸国首脳会議が開かれたのと同じ年である。1961 年はユーゴスラヴィアが政治的にも文化的にも、世界に対してプレゼンスをあらわしていく、飛躍の年であった。

　アンドリッチは、「ユーゴスラヴィア主義者」として知られている一方で、また、ボスニアのクロアチア人家庭に育ったにもかかわらず、自分はセルビア人であると公言していた。このことは、彼の創作言語にもあらわれている。ユーゴスラヴィアの公用語セルビア・クロアチア語には大きく分けて、主にセルビアで話される「エ方言」と、主にクロアチアやボスニアで話される「イェ方言」がある。アンドリッチの作品を見てみると、青年時代に書かれたものはアンドリッチの故郷で話されていた「イェ方言」であるが、第二次大戦後に発表したものはすべて「エ方言」であり、セルビア人としてのアイデンティティと合致している。幼少期に話していた言葉とは別の言葉で創作活動を行うこと自体は珍しいことではないが、ユーゴスラヴィアにおいてどの方言を用いるかはアイデンティティにかかわる大きな問題であることに鑑みると、興味深い趣向変えである。1990 年、アンドリッチの肖像は 5,000 ディナール札のデザインに採用される。ただしその翌年にはユーゴスラヴィアは解体し、紛争が勃発しており、彼の紙幣が実際に用いられたのはわずか数年のみであった。（亀田真澄）

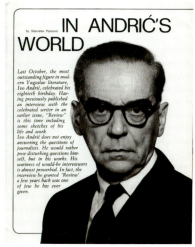

80 歳を迎えたアンドリッチを特集する雑誌記事。
(*Review*, 1973 年 1-2 月号, 33)

ミロスラヴ・クルレジャ——文化政策のブレーンでありながら「クロアチアの春」を支持

　ミロスラヴ・クルレジャ（Miroslav Krleža 1893-1980）はクロアチアの詩人・作家。戦間期にはユーゴ地域のモダニズム文学を代表する作家として、『炎』や『文芸共和国』などの左翼系雑誌を発行し、西欧の伝統とは異なる、ユーゴスラヴィアの土着性に根差したかたちで「ユーゴスラヴィア人」のアイデンティティを創出することの必要性を説いた。第二次大戦中は、クロアチアにてナチス・ドイツの傀儡政権であるクロアチア独立国への協力を拒否し、さらに再三の要求にもかかわらずパルティザン活動に加わることもなく、沈黙を貫く。

　パルティザンに加わらなかったことから、大戦後すぐの時期にはむしろ党から冷遇されていたが、ザグレブのユーゴスラヴィア科学芸術アカデミーの副会長に就任すると、ユーゴスラヴィア公式文化の方向付けを支えるイデオローグの一人となっていった。次第に発言力を増していったクルレジャは、1950年にはティトーの後援でザグレブに「ユーゴスラヴィア事典編纂所」を設立、その所長に就任した。

　ユーゴスラヴィア文化政策のブレーンでありながら、常に「西欧寄り」で「クロアチア寄り」であったクルレジャの立場は、独特なものであった。当初より社会主義リアリズムの様式による文化の画一化に反対していたクルレジャは、1952年10月、ユーゴスラヴィア作家同盟会議で「文化の自由について」と題した講演を行った。クルレジャがここで、創作様式の強制への反対と文化の自由化を宣言したことは、その後のユーゴスラヴィア文化が他の東欧諸国とは異なる道を歩むきっかけとなっていった。その1か月後には、1952年11月のユーゴスラヴィア共産党第6回大会において、扇動・宣伝関係諸機関の解散が決定されている。

　さらに1960年代にはクロアチア文語の復権活動をリードする人物になっていく。「クロアチア文語の名称と地位に関する宣言」（1967年）、また1971年の「クロアチアの春」においても、クロアチア民族運動の思想的指導者の立場に立っていた。現代も、20世紀以降のクロアチア文学の最も優れた巨匠とみなされることが多い。クルレジャと妻ベラが30年近く住んだザグレブの家は、現在博物館（Memorijalni prostor Bele i Miroslava Krleže）として公開されている。（亀田真澄）

クルレジャによる手紙。雑誌等の切り抜きによるコラージュがみられる。1936年。(M. Todić, *Fotografija i propaganda 1945-1958*, Banja Luka / Pančevo, 2005, 16)

ミロラド・パヴィチ——奇想と幻想の大作『ハザール辞典』

　ユーゴスラヴィアが生んだ作家として、ボスニア出身のノーベル賞作家アンドリッチや、クロアチアの作家クルレジャを取り上げたが、世界に与えた影響の大きさで言えば、ベオグラード生まれの詩人・作家のミロラド・パヴィチ（Milorad Pavić 1929-2009）が一番ではないだろうか。パヴィチの出世作は『ハザール事典——十万語の事典小説(Hazarski rečnik: roman-leksikon u 100.000 reči)』（1984 年）で、これは謎の民族ハザール人たちが 9 世紀に集団改宗した歴史をめぐるフィクションだ。1691 年に編纂された事典が消滅してしまったため、それを再出版したものという設定で書かれている（邦訳は『ハザール事典——夢の狩人たちの物語』1993 年）。

　「事典」というタイトルの通り、ハザール人についての事項がアルファベット順に並んでおり、そのため翻訳される言語によって事項の並び順も異なる。さらにそれぞれの事項について、キリスト教、イスラム教、ユダヤ教の学者が解説している（という体裁の）ため、三通りの解釈が並べられている。どの宗教の側も、ハザール人たちが選んだのは自分の宗教だと主張しており、それぞれの事項説明も自分たちの宗教にとって都合のいい解釈に基づいているところが面白い（なお、人によって認識が異なる状況を「羅生門効果」というが、これはセルビア・クロアチア語では「ラショーモニヤーダ（rašomonijada）」と呼ぶ。ユーゴスラヴィアでは日本映画が共産圏としてはいち早く紹介されており、黒澤明作品も人気であったためか、現地では新聞などで日常的に使われる言葉である）。

　多くの民族を包含するハザール帝国では、領土内でいくつもの宗教が信仰されていた。この小説でもハザールにおける多宗教の様相に焦点が当てられており、小説を読むだけでは、ハザール人が結局キリスト教、イスラム教、ユダヤ教のうちどれを選んだのかがわからない仕組みになっている。この『ハザール事典』がユーゴスラヴィア時代の小説であることから、10 世紀頃に滅亡したとされるハザール帝国の運命に、三つの宗教によって引き裂かれた多民族国家ユーゴスラヴィアの崩壊を連想する読者も多いだろう。ただしパヴィチ氏自身は、2008 年の筆者によるインタビューで次のように答えている——「セルビア人だけがハザールではなくて、みんなハザールなのです」。彼の作品はほかにも、二つの物語が本の両側から始まる『風の裏側』（1991 年、邦訳 1995 年）、読者がタロットカードで読む順番を決める『帝都最後の恋』（1994 年、邦訳 2009 年）などがあり、いずれも読者を戸惑わせる仕掛けがいっぱいだ。（亀田真澄）

2008 年 9 月 11 日にベオグラードでインタビューに応じるパヴィチ氏。筆者も同席させていただいた。パヴィチ氏はこのインタビューの一年後に亡くなられた。ご冥福を心よりお祈りしたい。

社会主義末期の 1,000 ディナール紙幣

ニコラ・テスラ——世界ではマッド・サイエンティスト視されるも「祖国」では英雄扱い

　ユーゴスラヴィアの地は、残念ながら大きな名声を得た科学者を多数輩出しては来なかった。そうした中でも、世界的に知られることとなった科学者がいないことはないが、多くは社会主義ユーゴスラヴィアの建国前に活躍した人物である。クロアチア人の地震学者アンドリヤ・モホロヴィチッチ（Andrija Mohorovičić）もそのひとりで、地震波の速度の変わるモホロヴィチッチ不連続面（よく「モホ面」と略される）の発見者として知られる。実は、高校の地学の教科書には必ず掲載されている、知る人ぞ知る人物である。また、かの有名なアインシュタインの最初の妻は、セルビア人のミレヴァ・マリッチ（Mileva Marić）であった。セルビアでは、アインシュタインの理論は、実は彼女のアイデアだなどとまことしやかに語られてもいる。

実験器具を手にするテスラ（Review, 1985 年 7-8 月号, 15）

　アメリカに移民して活躍した、「ユーゴスラヴィアの」科学者も、バナート地方出身のセルビア人物理学者ミハイロ・プーピン（Mihajlo Pupin）などがいるが、しかし、もっとも良く名前を知られているのは、疑いなくニコラ・テスラ（Nikola Tesla）であろう。1856 年に現在はクロアチアの山間の小さな村スミリャン（Smiljan）で、セルビア人の家庭に生まれたテスラは、20 代でアメリカに渡っ

た。アメリカでは、かの発明家エジソンが直流を主張したのに対抗し、交流発電機を発明し、交流送電システムを実用化した。その後、世界に広まったのが交流であるのはご承知のとおりだが、テスラの業績は、エジソンほどには知られることは無かった。この他にも実に様々な「発明」を行ったが、無線送電システム（世界システム）のように上手くいかなかったものも多く、オカルト的な研究に手を染めたこともあり、マッド・サイエンティストのように扱われることもある。しかし、科学者としての実績は確かなもので、現在では磁束密度の単位としてテスラ（T）が世界中で用いられている。アメリカの新興電気自動車メーカー、テスラモーターズも彼の名にちなんでいる。

ザグレブ市内のテスラ像（鈴木撮影、2014 年）

　テスラの活躍の舞台はアメリカであり、移民の常としてアメリカ国籍も取得したが、生まれた地への思いも持ち続けていた。日本では、ともするとマッド・サイエンティストの側面が強調されるきらいのあるテスラだが、「祖国」ユーゴスラヴィアでは、まさに英雄である。彼自身は、1943 年に、社会主義ユーゴスラヴィアの建国を見ること無くその生涯を終えたが、ユーゴスラヴィアでは、テスラはユーゴスラヴィアを象徴する人物のひとりとして記憶され続けた。クロアチア出身のセルビア人というルーツを持ち、「生まれたクロアチアの土地と、セルビアの血筋の双方を誇りに思う」と述べたとされるテスラは、まさに「ユーゴスラヴィア人」として、ユーゴスラヴィア国家の象徴たり得る人物だった。テスラの発明による交流発電機が最初に設置されたナイアガラの滝と、ベオグラード大学工学部前には、同じテスラの銅像が置かれており、ザグレブの中心部には、彫刻家イヴァン・メシュトロヴィチ（Ivan Meštrović）によるテスラ像が置かれている。ベオグラードには、ニコラ・テスラを記念する博物館があり、ザグレブの技術博物館には、「テスラの実験室」と名づけられた、彼の実験を再現する設備があって、多くの見学者を集めている。ユーゴスラヴィア解体後もセルビアとクロアチアの双方で、これほどの敬意を集めている人物はあまりいないだろう。（山崎信一）

ベオグラード大学工学部前のテスラ像
（鈴木撮影、2009 年）

「東のハリウッド」――ティトーが率先してアメリカ映画界と結託、映画村や軍まで提供

　ユーゴスラヴィアが第二次大戦によって受けた被害は甚大であり、建国当初は国民に住居と食糧を提供し、荒廃したインフラや通信を復旧させることがなによりも急務であった。そんな戦後まもなくの物資不足の時期に、ユーゴスラヴィア当局は身の丈に合うとはとても思われないような、大規模プロジェクトに着手する。それはベオグラードを「東のハリウッド」にするという壮大な計画であった。

　映画好きで知られるティトーは、映画の宣伝効果のみでなく、その経済効果にも大きな期待を寄せていた。1945年には、当時としてはヨーロッパでイタリアのチネチッタに次ぐ規模の制作スタジオ、アヴァラ・フィルムがベオグラードに設立されたほか、ベオグラード郊外のチュカリツァ（Čukarica）では巨大な映画村が建設されることとなった。

　第二次大戦直後のユーゴスラヴィアでは、上映されていた作品のほとんどはソ連製のものであった。しかしコミンフォルムから追放された1948年、ティトーはいち早くハリウッドと強いコネクションを築くため、アメリカ映画協会（ハリウッドのメジャースタジオから構成される業界団体）会長のエリック・ジョンストンをベオグラードに招聘し、映画産業におけるアメリカ映画産業との協力関係を樹立している。

　特にベオグラード郊外の映画村を撮影場所として提供することで、ユーゴスラヴィアは外貨獲得のための太いパイプを得ることとなった。この映画村で撮影された有名な作品としては、ロバート・テイラー主演の『クオ・ヴァディス（Quo Vadis）』（マーヴィン・

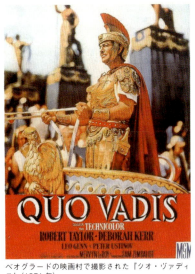

ベオグラードの映画村で撮影された『クオ・ヴァディス』（1951年）

エリザベス・テイラー、リチャード・バートンとティトー夫妻。1973年。*VlasTito iskustvo*, 192

ルロイ監督、1951年)、『マルコ・ポーロ大冒険(La fabuleuse aventure de Marco Polo (L'echiquier de Dieu))』(ドニス・ド・ラ・パテリエールほか監督、1962年製作開始、65年公開)、『戦争のはらわた(Cross of Iron)』(サム・ペキンパー監督、1977年)などがある。

　ユーゴスラヴィアの映画村の売りは、ティトー自らがイニシアティヴをとっていたため、軍の全面的なバックアップが可能だったということだ。派手な戦争映画をつくるのなら、ユーゴスラヴィアの映画村ほど便利な場所はない。人件費も欧米に比べれば安いし、通常なら到底許可の下りないような危険な演出だって、お金さえ出せばなんなりと実現したのである。(亀田真澄)

『スーチェスカ』制作時のひとコマ。撮影現場にやってきたティトーを、ティトー役のリチャード・バートンが迎えて雑談。1972年。(*Review*, 1973年7-8月号, 10-11)

第1回プーラ映画祭の様子。本項目の写真は、プーラ映画祭（Pulski filmski festival）の提供による。

1975年のプーラ映画祭ポスター。

映画祭——ローマ時代の円形劇場をそのまま利用

　クロアチア沿岸部の街プーラ（Pula）は、ローマの植民地時代であった紀元1世紀に建てられた大型の円形劇場で有名だ。1953年、この円形劇場の野外舞台に巨大スクリーンを設置することで、この歴史的建造物をそのまま映画館として利用した映画祭が開催された。それ以降現在に至るまで、プーラの映画祭はユーゴの夏を代表する恒例イベントとなっている。ティトーも列席することのあったこの映画祭には、世界中から俳優たちが招待されていた。ソフィア・ローレンをはじめとするセレブリティたちは、しばしば映画祭のあと、プーラからほど近いブリオニ島にあるティトーの別荘に招かれ、アドリア海の夏を楽しんでいた。

　ユーゴスラヴィアの映画制作は、他の近隣地域に比べて技術的発達が格段に遅れていた。そんなユーゴスラヴィア映画産業の発展を支えるべく、プーラ映画祭では「ユーゴスラヴィア映画祭」プログラムが行われ、ユーゴスラヴィアで作られた映画のコンペティションが開催されていた。これは1990年以降は「クロアチア映画祭」に改名され、対象作品もクロアチアの映画作品に限定されるものの、現在も継続

プーラ映画祭のゲストとしてやってきたソフィア・ローレンとティトー夫妻。ティトーの別荘・ブリオニ島にて。

されている。

　プーラ映画祭は、今も多くの人でにぎわう、夏の一大イベントだ。ローマ時代の巨大円形劇場というロケーションのために、観客収容のキャパシティーはヨーロッパでも随一。チケットも現地で簡単に手に入れることができるので、クロアチアを夏に訪れる機会があれば、プーラにも足を延ばしてみるといいかもしれない。アドリア海に面した円形劇場の石の階段に座りながら、巨大スクリーンに映される映画を観るという体験は、なかなか他では得ることができない。この映画祭が開催されているあいだは、プーラ中がお祭り騒ぎだ。あちこちで花火があがり、広場の壁には子供向けにアニメーションが映写される。図書館や本屋などでも様々なタイアップ企画が開催され、夜中まで人々の行き交いが絶えない。(亀田真澄)

1954年のプーラ映画祭のポスター。

ブラック・ウェーヴ——性的過ぎて映画祭公式上映拒否、被差別民ロマ主人公も

『勝手にしやがれ』(1959年)で有名なフランス映画のヌーヴェルヴァーグは、世界中の若い映画人たちに影響を与えた。ユーゴスラヴィアでも1960年代、若い監督たちのあいだで慣習にとらわれない映画制作が試みられ、さらに1960年代後半から70年代にかけて、政治不安の広がりを背景に、ユーゴスラヴィア版ヌーヴェルヴァーグをさらに掘り下げようとする「ブラック・ウェーヴ」と呼ばれる潮流が巻き起こる。これは政治的な題材を積極的に扱いつつ、ブラックユーモアや実験的手法を大胆に活用するものだ。

その代表的な存在が、ドゥシャン・マカヴェイエフ (Dušan Makavejev) である。性的タブーを真正面から扱った『WR：オルガニズムの神秘 (W. R. - Misterije organizma)』(ユーゴスラヴィア・西ドイツ合作、1970年) などでカルト的人気の監督だ。この「WR」とは疑似科学・オルゴン理論の発見者、そして「性の革命」の提唱者であるオーストリアの精神分析家・科学者ヴィルヘルム・ライヒ (Wilhelm Reich) のこと。『WR』はドキュメンタリー、フィクション、イメージ画像や有名な映画作品からの引用を交えながら、ライヒの思想を追及する作品だ。そのあまりに直接的な性描写ゆえ、カンヌ映画祭に出品された際には公式上映から外される決定が下った。しかし監督週間の枠でなら、ということで上映されると、思いもよらない反響を呼び、度重なるリクエストのために7回もの追加上映がなされたという。

『WR：オルガニズムの神秘』(ドゥシャン・マカヴェイエフ監督、1970年)

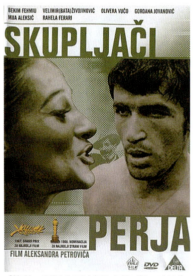

『ジプシーの唄をきいた』(アレクリンダル・ペトロヴィチ監督、1967年)

ブラック・ウェーヴを代表するもう一人の監督は、『ジプシーの唄をきいた（Skupljači perja、直訳すると「羽根集め人」）』（1967年）で一躍世界の舞台に立ったアレクサンダル・ペトロヴィチ（Aleksandar Petrović）だ。『アンダーグラウンド』で知られるエミール・クストゥリツァ監督は、のちに『ジプシーのとき』（1989年）、『黒猫・白猫』（1998年）などの作品でユーゴスラヴィアのロマ映画を世界に発信したが、『ジプシーの唄をきいた』はその先駆けとも言える作品。ヴォイヴォディナで伝統的な暮らしを営むロマの集落を舞台として、粗野だが暖かいロマ独特の人間模様が描かれている。ロマ文化は日本ではそのエキゾチックさゆえに根強い人気があるが、当時も、

アルバニア系俳優ベキム・フェフミウ。ハリウッドでも、様々な「外国人役」をこなした。(Review, 1969年2月号, 36)

そして残念ながら現在でも、教育を受けず定職を持たない少数民族であるロマの人たちは差別の対象である。そんなロマたちを主役に据えたことは、当時のユーゴスラヴィアでは一種のスキャンダルであった。なお、主役のロマの青年を演じたのは、実際にはロマではなくて、サラエヴォ生まれ、コソヴォ育ちのアルバニア人ベキム・フェフミウ（Bekim Fehmiu）だ。フェフミウはのちにアメリカにも進出し、冷戦期のハリウッドで活躍の場を確立した最初の東欧出身俳優でもある。残念ながらフェフミウは、2010年、ベオグラードの自宅マンションで自死してしまう。民族の共生というユーゴスラヴィアの理想が失墜したことも、彼を絶望へおいやった要因だったのではないかと語られている。（亀田真澄）

フェフミウが主演したアメリカ映画『冒険者』（1970年）のワンシーン（出典：上に同じ）

ラデ・シェルベジヤ
http://commons.wikimedia.org/wiki/File:Rade_Serbedzija.jpg（CC BY-SA 2.5）

シェルベジヤのレコード「あきらめるな、イネス」

海を渡った役者たち——ロシア東欧出身役のシェルベジヤと宇宙人役のフルラン

　ユーゴスラヴィアは、演劇大国でもあり、俳優たちの社会的なステータスは非常に高かった。この国では、原則として、俳優は専門の教育機関で養成される存在であり、その多くは、大学の学部に相当する「演劇アカデミー」で演技その他を学び、その後、まずは舞台俳優として活躍を始めるのが常であった。よって日本とは異なって、劇団に属しながら役が付くのを待ち、アルバイトで食いつなぐ、といったことはまずなかった。俳優の卵たちは、アカデミーを卒業後、撮り直しの効かない舞台俳優としてまず名を挙げてから、テレビや映画に出演するようになる。こうした経緯から俳優たちのプロ意識は非常に強く、また日本と違って、ある俳優が「演技力に欠ける」ということはまずありえない。もちろん社会的地位も高く、また知識人の一員としての意識も強く、社会的、政治的な発言を厭わない人の多いのも指摘できるところである。

　ともにクロアチア出身のラデ・シェルベジヤ（Rade Šerbedžija）と女優ミラ・フルラン（Mira Furlan）も、このような厳しい俳優養成システムの中で実力を身

シェルベジヤとフルランが共演した1985年の映画『ホルヴァートの選択』のポスター

に着けた俳優であり、舞台に映画にテレビにと活躍の場を広げていた。歌手としてレコードも出している。実は彼らは、クロアチアの出身であったが、民族的な意味でのクロアチア人ではなかった。シェルベジヤは、民族的にはセルビア系であり、フルランの母はユダヤ系であった。1990年代に紛争が激化した際、かれらが祖国での活動をあきらめ、国外に活躍の場を求めたことには、こうした背景もあった。

シェルベジヤは、ロシア人や東欧出身者の役で数多くのハリウッド映画に脇役として出演している。すべて挙げればきりがないが、1997年の『セイント』、1998年の『アイズ・ワイド・シャット』、2000年の『ミッション・インポシブル2』などなどで、時には主役を飲んでしまわんばかりの名演技を披露している。ハリウッド映画の好きな方であれば、そうとは知らず必ずや目にしているのではなかろうか。

フルランは、アメリカのSFシリーズ『バビロン5』（アメリカでは当時『スタートレック』に並ぶ人気があったとも）に、特殊メイクを施してレギュラー出演していた他、テレビドラマ『ロスト』にも出演していた。

彼らのアメリカ進出は、キャリアアップのために自身が望んだものというよりは、紛争により国内の活動の場を奪われてのやむを得ずのものであった。しかし、世界中の多くの映画ファンにその姿を知らしめたという点では、結果的にそうして良かったとも言えるだろう。紛争後に状況が落ち着く中、彼らは、時には旧ユーゴスラヴィア諸国のかつてからのファンの前に姿を見せている。（山崎信一）

フルランの著書『完売』
(*Totalna rasprodaja*, Beograd, 2010)

ミラ・フルラン
http://commons.wikimedia.org/wiki/File:Mira_Furlan_by_Gage_Skidmore.jpg（CC BY-SA 3.0）

西側映画にみるユーゴスラヴィア──第二次大戦からカジノ、社会主義団地、紛争地まで

　社会主義ユーゴスラヴィアは映画大国であり、さまざまなジャンルでさまざまな映画が製作された。ここでは少し視点を変えて、国外の映画でユーゴスラヴィアを扱ったものや舞台としたものをいくつか紹介してみよう。

　フランツ・レハールの1905年初演のオペレッタ『メリー・ウィドウ（Die lustige Witwe / The Merry Widow）』は、ポンテヴェドロなる小国の駐パリ公使館を舞台にしたもので、その後複数回にわたって映画化された。作品の舞台は、明らかにモンテネグロであり、登場人物のダニロという名前（モンテネグロでは非常に良くある名前）にもそれは現れている。そう思って鑑賞すると、なかなか面白く仕上がっている。

『ナヴァロンの嵐』

　第二次大戦中や社会主義時代の、ユーゴスラヴィアが舞台となる西側の映画はそれほど多くはない。アレステア・マクリーンの小説を映画化した1978年の『ナヴァロンの嵐（Force 10 from Navarone）』は、第二次大戦中のユーゴスラヴィアが舞台であり、主人公たる連合国の工作員たちがパルティザンを救うべくボスニアの山中に降下する。また、ご存じジェームズ・ボンドの登場する007シリーズのひとつ『ロシアより愛をこめて（From Russia with Love）』では、ユーゴスラヴィアを縦断する鉄道列車とアドリア海が舞台のひとつではあるが、あくまでわき役中のわき役といった感じ。もう一つ、2006年の『カジノ・ロワイヤル（Casino Royale）』は、カジノはモンテネグロにある設定で、国旗や標識、警官の服装やセリフなどがモンテネグロ風になっているが、撮影自体はモンテネグロではおこなっていないそうである。他にも、1986年のジャッキー・

『ロシアより愛をこめて』

チェン主演の香港映画『サンダーアーム 龍兄虎弟（The Armour of God）』の撮影の舞台も当時ユーゴスラヴィアのザグレブだった。ジャッキーが撮影中のスタント失敗で重傷を負ったことでも知られる。その後も現在まで、映画撮影の経験の豊富さやコストの安さから、旧ユーゴスラヴィア各国は、西側の映画の撮影の舞台となっている。2009年のフランス映画『アルティメット２（Banlieue 13 - Ultimatum）』は舞台はフランスだが、本書第２巻でも扱った「社会主義団地」がパリ郊外の荒んだ団地街の設定で登場する。

社会主義時代のユーゴスラヴィアは、どちらかというとちょっとした小道具として登場していたが、紛争によってこの地が世界の注目を集めるようになると、この地を重要な舞台として扱ったり、ユーゴスラヴィア紛争そのものをテーマとしたような西側映画が多数作られるようになる。例えば、1997年のハリウッド映画『ピースメーカー（The Peacemaker）』は、ボスニア出身のテロリストによりニューヨークが危機に陥るという筋立てで、冷戦時代のソ連の持っていた役割がこの地にも拡散したことを示していると言えるかもしれない。

もちろんユーゴスラヴィアは、舞台回しのひとつとなっただけではなく、紛争や紛争後の諸問題を正面から扱おうとする作品も多数生まれている。『ウェルカム・トゥ・サラエヴォ（Welcome to Sarajevo）』は紛争への西側社会の無関心を告発し、リチャード・ギア主演の『ハンティング・パーティ（The Hunting Party）』は戦争犯罪を取り扱っている。ハリウッド女優のアンジェリーナ・ジョリーが監督した『最愛の大地（In the Land of Blood and Honey）』も近年話題になった。（山崎信一）

『カジノ・ロワイヤル』

『アルティメット２』

ティトーのもとに招かれたピオニール。左手前の後姿がティトー夫妻。なんだか盛り上がっている。
(*Naš Tito*, 増補改訂版, Zagreb / Opatija, 1980, 131)

★生活

ピオニール――誰もが思い出す、赤いスカーフとティトー帽の社会主義版ボーイスカウト

　真っ赤なスカーフに、白シャツ、そして赤い星の付いた青のティトー帽――学ランやセーラー服など、「制服文化」が普通の国の人にとっては、とくに珍しくなく、平凡な幼稚園の制服くらいにしか見えないかもしれない。だが、学校教育に基本的に制服が存在しないユーゴスラヴィアにおいて、このピオニールの服装は当時を物語るシンボルのひとつとなっている。

　「ピオニール（pionir）」とは、ソ連や共産圏の国々で見られる少年少女組織の呼び名

であり、ボーイスカウトなどと同様、子どもの社会教育を担う活動組織のこと。日本ではロシア語由来の「ピオネール」と言った方が一般的であるかもしれない。ソ連では1920年代、20世紀初頭の英国のボーイスカウト運動を模倣して国策として導入された。これを模範として東欧や他の社会主義諸国にも広がり、名称も「開拓者」を意味するこの言葉（英語では「pioneer」）が用いられた。

ユーゴスラヴィアでは、第二次世

ティトーとピオニールの交流は、当時の各種式典の見慣れた光景であった。ティトー死後最初の「青年の日」に発行された新聞の特別付録から。(*Politika*, 1980年5月25日号付録「Priče o Titu」、表紙)

界大戦中、祖国解放をめざす共産党のパルティザン運動の少年少女組織として形成され、実際の戦闘やゲリラ活動にも加わった。戦後は、1946年にユーゴスラヴィア・ピオニール同盟（Savez pionira Jugoslavije）として改編され、軍事的任務に代わって奉仕労働や社会貢献に主眼を置きながら、学校と家庭の外で子どもの社会教育を実践する場となった。その活動内容は、ゴミ拾い・清掃などの地域活動、遠足やキャンプなどの遠征行事、種々の文化・娯楽行事、身体訓練とスポーツ、技術、衛生、工芸などの課外学習から、戦後直後のインフラ建設（鉄道、道路、都市・工場建設など）の一役を担った「青年労働活動（ORA）」における労働奉仕、ティトーへ繋ぐ「青年の日」のバトンリレーのような国民的行事への参加と動員など、非常に多肢に渡る。もちろん、これらの社会教育という「教育」に、社会主義的エッセンスが盛り込まれていたことは言うまでもない。それは、戦争を闘った少年少女の「失われた世代」ではなく、ユーゴスラヴィアの理念と党のイデオロギーとともに、社会主義建設の未来を担う「幸せな子ども」を育成する意味をもっていた。

ピオニールの名を冠したピオニール・ホール（完成当時、1973年）。写真のボクシングのように各種室内競技の会場となった。(*Review*, 1973年10月号, 28)

たまには教室の外で屋外授業。(*Review*, 1973年9月号, 28)

初等学校の実験授業。そーっと……。(*Review*, 1973年9月号, 26)

ヴォイヴォディナの多言語学校の授業風景。(*Review*, 1973年1-2月号, 6)

　ピオニールの一員となったのは、初等学校（日本の小学校と中学校にあたる8年制の初等教育学校）第1学年から第8学年まで（6〜14歳）の少年少女。強制ではなかったが、実質、慣例的に義務化されていたという（最後のピオニールは1983年生まれの世代）。毎年、「共和国の日」の祝日（11月29日）になると入団式が催され、新入ピオニールの子どもは、支給されたばかりの真っ新な冒頭の制服一式（ちなみに、赤、白、青の3色はユーゴスラヴィア国旗の3色を表している。またティトー帽(titovka)とは、パルティザン戦士が戦争中に着用し、ティトーのトレードマークでもあった舟形帽）を身にまとい、先輩ピオニール、父母や先生の前で宣誓を行うのが恒例であった。

1970年代のスプリットの初等学校におけるピオニールの入団式。後方で父母が見守る。(N. Bakarić, *Osnovna škola „Skalice": 1950.-2010.*, Split, 2013, 166)

今日、僕たち私たちがピオニールになるとき、
ピオニールの栄誉の言葉を誓います。
勤勉に学び、働き、
両親と目上の人を尊敬し、
この言葉をいつも心に留める、
誠実で正直な同志となることを。
僕たち私たちの祖国である自主管理の
ユーゴスラヴィア社会主義連邦共和国を愛し、
友愛と統一、また同志ティトーが
そのために闘った思想を発展させることを。
そして、自由と平和を望む、
世界のすべての人々を尊重することを！

ティトーの故郷を訪れたピオニールの一団。(T. Stanojević, D. Marković, *Tito: život i delo (1892-1980)*, 第2版, Beograd, 1983, 478)

　雰囲気としては、日本の入学式などの「新入生のことば」みたいなものである。
　子どもが赤いスカーフとティトー帽を身につけたその制服姿は、今日でも「カワイイ」感じに映るようで、誰もがかつてそうだったユーゴスラヴィア時代の共有される幼少期の一幕として、しばしば好んで懐かしまれる。(鈴木健太)

スコピエ大学の学生たち。(*Review*, 1976 年 11 月号, 17)

教育――民族・性別・年代を超え広く開放され、非同盟諸国の留学生も受け入れ

　ユーゴスラヴィアを含むバルカン半島は伝統的に農村社会であったことも手伝い、特に南の地域へ行くほどに識字率は低くなる傾向にあった。戦後においてもコソヴォやボスニア・ヘルツェゴヴィナの農村部における、特に女性の識字率は、ひどい場合には 10%にも達しないケースも見られた。このような状況を改善すべく、戦後には初等教育の義務化と無償化が推進され、すべての人びとに教育の機会が開かれた。年次制度は、ヨーロッパにおいては一般的な、初等教育 8 年、中等教育 4 年の「8－4 制」。義務教育である初等教育のあとは、いわゆる教養教育を行うギムナジウムとともに、仕事のための技術を習得する職業訓練専門学校があった。子供たちの教育に加えて、大人たちへの教育機会の創出にも力が入れられた。労働者のための大学や、働きながら新しい技術を学べる夜間学校が設置され、多くの大人たちがこれに参加した。大人も含め、1950 年代には 250 万人とも言われた教育未修習人口が、一連の政策の結果、1990 年

いわゆるディスコ・クラブは男女が出会う定番の場所。この二人は高校生である。けしからん。
(*Review*, 1977 年 10 月号, 4)

までには66万人へと減少したとされる。

同時に高等教育も発展した。第二次世界大戦までに、ベオグラード、ザグレブ、リュブリャナに大学が設置されていたが、自主管理の流れに一致するように、各共和国・自治州に大学が開設され、またその数も増加していった。ノヴィ・サド大学、プリシュティナ大学はそれぞれ1960年、1970年に開設され、ハンガリー系やアルバニア系の人びとは、初等教育から高等教育まで、すべての段階で母語による教育を受けることが可能となった。

ザグレブにもバイクブームの波が訪れる。「カワサキ」の知名度は現在も低くない。
(*Review*, 1980年6月号, 6)

学校名に人民解放戦争の英雄たちの名前が冠せられることも一般的であった。一巻でも扱った「若者のヒーロー」ローラはもとより、その最高峰とも言えるのは、リュブリャナ大学のエドヴァルド・カルデリ大学への改称だ。この改称は、スロヴェニア出身のカルデリの死去に際して実現したものだが、現在は再びリュブリャナ大学へと戻っている。

ユーゴスラヴィアには、アラブ、アフリカ、ラテン・アメリカの非同盟諸国を中心に、外国人の留学生も少なくなかった。西側からの留学生は少なかったが、ギリシアからは医学を学ぶために留学する学生もいた。これら留学生たちは、学生寮に住んだり、場合によっては現地の家庭に間借りすることもあった。彼らはおおむね暖かく迎え入れられ、本人たちもユーゴスラヴィアに馴染んでいたようだ。ユーゴスラヴィアに馴染むあまりだろうか、アフリカ諸国出身の学生同士がケンカの時にお互いを「チェトニク！」「ウスタシャ！」と罵り合った、と言ったエピソードも残っている。

このように、ユーゴスラヴィアでは教育に関して、機会の創出や領域的な広がりなど、大きな改善が見られたことは間違いない。しかしその一方で、1970年代後半以降の経済不況に見舞われた社会は、高等教育を修了した多くの若者たちを受け止めきれなくなり始めた。このような学生たちの不満が、連邦解体の背景の一つになったのは皮肉である。(百瀬亮司)

セルビア中西部ペトニツァ (Petnica) の研究施設。初等・中等教育の生徒にも開放され、当時最先端のコンピューターも導入されていた。
(*Review*, 1988年3-4月号, 41)

革命聖地―宗教スポットを越える巡礼地も連邦解体後は「民族聖地」に座を譲る

　今の日本で「聖地巡礼」と言えば、本来の意味を離れて、アニメの舞台やモデルとなった地域を訪問するファンの行動を指して使われることも多いが、本来の聖地は、もちろん宗教的な意味を持つものである。ほとんどの宗教には聖地が存在している。イスラム教にとってのメッカは良く知られているし、キリスト教でもカトリックを中心に聖地は数多く存在する。ユーゴスラヴィアにもカトリックの聖地となった地が存在した。それは、ボスニア南部に存在するメジュゴーリェ（Međugorje）という小村で、1980年代初頭に、聖母マリア顕現の「奇蹟」が起こって後、国内外の信者を集めることとなった。「奇蹟」の背景には、教会内部の権力闘争や経済的理由なども存在したが、ひとたび奇蹟の地となると、多くの巡礼観光客が詰めかけ村も潤うようになった。

　宗教聖地以上に旧ユーゴスラヴィアで「巡礼」の対象とされたのは、パルティザン戦争の戦績やチトーゆかりの地といった「革命聖地」の巡礼である。児童の遠足の目的地とされたり、職場の旅行の対象とされたりした。もちろん政治的に組織された側面もあった。そもそもパルティザン戦争で重要だった地域のほとんどは、山奥だったり峡谷だったりで、なかなかたどりつくのも一苦労だったが、道路が整備され、記念碑と記念館が作られ、そして土産物屋もオープンするようになった。ボスニアでは、スーチェスカ（Sutjeska）やネレトヴァ（Neretva）のパルティザンの英雄的戦闘の舞台、あるいはウジツェ（Užice）やヤイツェ（Jajce）などパルティザンゆかりの都市、クラグイェヴァツ（Kragujevac）やヤセノヴァツなど、ファシスト勢力による残虐行為の行われた地、チトーの生地クムロヴェツなどが、社会主義の聖地となった。

　その一方、連邦解体の前後からナショナリズムが高まりを見せると、今度はナショナリズムにとって重要な場所が、いわば「民族の聖地」として位置づけられるようになる。パルティザンに対抗した勢力を称揚することは、社会主義時代にはタブーでもあった。クロアチアのナショナリストにとっては、現在オーストリア領の小さな町、ブライブルク（Bleiburg）が、パルティザンの残虐行為の象徴として聖地化し、セルビアのチェトニク運動の中心地ラヴナ・ゴーラ（Ravna Gora）は、セルビア・ナショナリストの集う地となった。一方で社会主義の聖地の多くは打ち捨てられ、時代の転換を象徴している。（山崎信一）

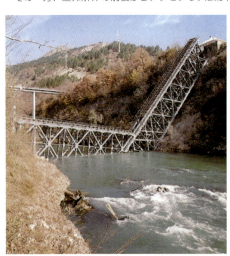

革命聖地のひとつであるネレトヴァ川の橋（*Drug Tito*, Zagreb / Rijeka /Ljubljana, 1980, 126）

「同志」―隣人や同僚だけでなく、物乞いがせびる時や被告人が裁判官に呼び掛ける時にまで

　前衛政党たる共産党では、党員はお互いを「同志」という言葉で呼び合う。その共産党が支配政党となった社会主義国では、この習慣が国民全体に広がった。そして、共産党独裁の社会主義国家であるユーゴスラヴィアにも、もちろんこの習慣は取り入れられた。それぞれの言語で「同志」にあたる言葉（セルビア・クロアチア語の「ドゥルグ（drug）」、スロヴェニア語の「トヴァーリシュ（tovariš）」、マケドニア語の「ドゥルガル（другар）」、アルバニア語の「ショク（shok）」など）が、人々に呼びかける際に用いられるようになった。隣人や職場の仲間に呼びかけるのは「〇〇同志」。のみならず、郵便局の窓口で切手を買うにも「同志、切手を下さい」。さらには、物乞いがめぐみを求めるのも「同志！」、被告人が裁判官に呼びかけるのも「同志！」である。習慣とは恐ろしいもので、社会主義イデオロギーへの距離感とは関係なく、人々はお互いを「同志！」と呼び合っていた。

　社会主義ユーゴスラヴィア最大の「同志」といえば、何といっても「ティトー同志」であった。ティトーに対しては、敬称を使わず、友人に呼びかけるように「ティトー同志！我々はあなたの道から外れないことを誓います」などといったスローガンを唱えていた。ただ、実際に存命中にティトーと会見した人の話では、さすがに面と向かって「ティトー同志！」と呼びかけることはせずに、「大統領閣下！」と呼びかけたとのこと。

　社会主義体制の崩壊とともに、「同志！」とお互いに呼びかける習慣も急速に廃れた。いまでは、西欧と何ら変わるところなく、「ミスター」や「ミセス」にあたる言葉で呼びかけ合う。しかし、少なくとも建前の上では皆が平等な「同志」だった時代を懐かしむ人々もまた、少なからずいるはずである。（山崎信一）

パルティザンの「同志」たち（*Rat i pozornica*, 265）

祝日――最優秀作品が実はナチスポスターの改変パロディと発覚、大スキャンダルに

時間のコントロールは、権力の正統性を誇示するもっとも基本的な手段である。ユーゴスラヴィアも様々な新しい祝日を作って、国民に新しい国家をアピールした。主なものとしては、メーデー（5月1日／2日）、ティトーの「公式」誕生日である「青年の日」（5月25日）、1941年にベオグラードで開かれた共産党中央委員会を記念する「闘士の日」（7月4日／5日）、1943年のユーゴスラヴィア人民解放反ファシスト会議を称える「共和国の日」（11月29日／30日）など、多くが第二次大戦中の反ファシスト運動を記念するものであった。また、共和国ごとにも祝日が設けられていた。政治色のない祝日としては新年（1月1日／2日）があったが、ティトーはこの機会にも、新年を過ごす場所を毎年変え、各共和国を順番に回るかたちにすることで、共和国間の平等を示していた。

メーデーや青年の日には各種スペクタクルが催され、大々的な祝賀が実施されていた。特に青年の日には、ベオグラードのユーゴスラヴィア人民軍スタジアムで大規模なマスゲームやパレードが披露されていた。ただし、1980年代ころになると次第に、こういっ

1961年、ベオグラードでのメーデーのパレード。4月にガガーリンが世界初の宇宙飛行を行ったことを記念して、こんな出し物も。
（*Fotografija i propaganda 1945-1958*, 159）

「青年の日」の恒例行事バトンリレーのひとコマ。バトン走者を待ちかまえる壇上のティトーたち。1948年、ノヴィ・サド。（同、31）

NSKの美術部門イルウィンによる「青年の日」ポスター（1987年）。ナチス・ドイツのポスターを改変しただけのものであることが発覚し、のちに「ポスター・スキャンダル」と呼ばれることになる。(*Impossible Histories*, 225)

スキャンダルになったポスターの「引用元」、ナチス・ドイツの画家リヒャルト・クラインによる『第三帝国』（1939年）。（同）

た大規模なイベントの存在意義を疑問視する声も聞かれるようになっていく。

　そんななか、1987年、「ポスター・スキャンダル」として現在も語り継がれる事件が起こった。共産主義者同盟内部の青年委員会が青年の日イベントのためのポスターを公募した際、最優秀作品に選ばれたものが、実はナチ党のポスター『第三帝国』（Richard Klein, The Third Reich）の改変であったことが明らかになったのである。これはスロヴェニアの芸術グループ「新スロヴェニア芸術（Neue Slowenische Kunst、略称 NSK）」が、ナチ党のポスターに描かれていたナチ党旗をユーゴスラヴィアの国旗に、ナチ党の象徴である鷲を平和のシンボルの鳩に変えただけの一種のパロディ作品であったが、その年のポスターに一旦は選ばれてしまった。ティトーの本当の誕生日は5月7日であるが、ナチス・ドイツによるティトー暗殺計画が失敗に終わった5月25日を公式の誕生日としているため、青年の日とはティトーの誕生日であるとともに、ユーゴスラヴィアのファシズムに対する抵抗の記念日でもあるわけであるが、その青年の日のために選ばれたポスターがナチ党のパロディであったということは、ユーゴスラヴィアがその実、ナチスと同じ方法で国民を動員しようとしていることを暴露する結果になりかねない。すぐに別のデザインをポスターが選出され、このパロディーが実際に使われることはなかったが、委員会が問題のポスターを一旦は選んでしまったという事実は、長く語り継がれることとなった。

　これらの祝日の多くは、1991年のユーゴスラヴィア解体以降は祝われなくなる。独立した共和国では、ユーゴスラヴィアからの独立を記念する祝日が祝われることになった。
（亀田真澄）

宗教——社会主義下でも許容される

　ユーゴスラヴィアの中でも、クロアチア人、セルビア人、ムスリムは、言語の上ではコミュニケーションに全く支障がない。三者を分けるものは宗教的帰属であり、大まかには、カトリックを信奉するクロアチア人、セルビア正教を信奉するセルビア人、イスラム教に帰依するムスリム、と考えることができる。敬虔な信仰を持たず、世俗化を選んだ人物であったり、共産主義者であったとしても、名前や居住地などに自身の宗教的なルーツが反映されていることが多い。

　社会主義の政権下にあっては一般的に宗教活動は弾圧の対象になるが、ユーゴスラヴィアでは必ずしも全面的に弾圧されていたわけではない。社会主義ユーゴスラヴィア建国当初、ソ連型社会主義を目指していた時期は、宗教組織は第二次大戦中にクロアチア民族主義やセルビア民族主義を掲げる勢力と協力関係にあったこともあり弾圧の対象となった。しかし独自路線を歩み始めると、国家とは完全に切り離された形で宗教組織の設立と活動が再開された。つまり、公的な活動として宗教活動は認められないものの、私的な活動としては事実上容認されていたことを意味した。

　このような事情から、ユーゴスラヴィアでは、さまざまな人が集まる都市部では宗教的多様性が存在し、各宗教施設が存在していたものの、公の場での宗教活動は成文法や不文律によって慎まれた。一方の農村部では、ある村はセルビア人、ある村はクロアチア人という風に自治体ごとに住み分けがなされていることが一般的であった。多民族混住の村ももち

セルビア正教会の修道士。正教会の聖地・アトス山（ギリシア）のヒランダル修道院（Manastir Hilandar）にて。（*Review*, 1981年3-4月号, 23）

カトリック教会での洗礼の様子。クロアチア西部、イストリア半島の街ドヴィグラード（Dvigrad）にて。（同, 27）

ろん存在していたが、比較的均質な住民構成を持つ農村部では、伝統的な宗教生活が維持されていた。いずれにしろ、社会の大半の人びとは宗教に対して寛容であった。

宗教の違いは普段は強く意識されることはないが、暦や日々の慣習の違いという形で日常的に散見されることになる。都市部では、それぞれの宗教の祝日を、互いに家族や友人を招待しあって祝っていた。このような場は、宗教的な寛容を確認すると同時に、お互いの差異を確認

マケドニア南部ビトラ（Битола）、モスクの内部の様子。(*Review*, 1969年1月号, 27)

する場でもあったと言えるだろう。村落部にあっては、従来のキリスト教徒の祝日がムスリムによっても祝われることが慣例として定着したケースもあった。

互いの差異を認識しながら、イベントを楽しむこと。この辺りの「テキトーさ」加減が、ユーゴスラヴィアの「友愛と統一」を支える重要な柱だったのかもしれない。（百瀬亮司）

ベオグラードの大聖堂（Saborna crkva）で儀式を行うセルビア正教の聖職者たち。(*Review*, 1981年3-4月号, 27)

スボティツァ——ハンガリー語も聞こえてくるヴォイヴォディナの多民族都市

ヴォイヴォディナ自治州北部の町スボティツァ（Subotica）（ハンガリー語名サバトカ（Szabadka））は、多民族ユーゴスラヴィアの縮図のひとつヴォイヴォディナ自治州のさらに縮図のような多民族都市である。現在に至るまで、この街には、主としてセルビア人、ハンガリー人、クロアチア人が暮らしており、過半数を占める民族は存在しない。社会主義時代にクロアチア人とされていた人々の中には、ユーゴスラヴィア解体後に、クロアチア人とは異なる独自の言語や習慣を持つ「ブニェヴァツ（Bunjevac）」としての民族アイデンティティを持つに至った人もいる。旧ユーゴスラヴィア各地の多民族都市のうち、三民族が共存する都市はボスニアに集中していたが、紛争の結果いずれも多民族性は失われてしまった。

スボティツァのハンガリー語の幼稚園教員養成学校（Review, 1969年3月号, 13）

「三民族共存」という点から見れば、おそらくスボティツァは現在までその性格の残る唯一の都市かもしれない。

スボティツァは多民族都市であると同時に多言語都市でもある。社会主義時代はセルビア・クロアチア語とハンガリー語の二言語が公用されており、さまざまな標識や看板は原則として二言語で表記されていた。連邦解体後は、セルビア語とクロアチア語が公式に分離して別言語として扱われるようになり、標識類も三言語表記と

スボティツァのメインストリート（同, 12）

スボティツァのシナゴーグ（本頁写真、いずれも、山崎撮影、2013年）

パン屋の看板は二言語

三言語で表記されたバスターミナル

公的施設の看板は三言語

なっている。街を歩いていても、セルビア語が聞こえたかと思うとハンガリー語が聞こえてくるなど、独特の雰囲気のある街である。市中心部には、ハンガリー人とクロアチア人の通うカトリック教会と、セルビア人の通う正教会があり、さらにもはや信者はごく少数となったが、かつてユダヤ人がこの都市に多数暮らしていたことを示す大きなシナゴーグも存在する。

街の中心近くには、枢軸勢力からの解放の記念碑が設けられているが、そこに刻まれている抵抗運動の担い手たちの名前も、セルビア人、クロアチア人、ハンガリー人が入り混じっている。また、多民族都市であったことも影響して、社会主義時代には「ユーゴスラヴィア人」と自己を規定する人々も数多く暮らした街であった。

こうしたユーゴスラヴィア意識の強さを反映してかどうか、スボティツァに住むブラシュコ・ガブリッチ氏率いる「ユーゴランド」は、2000年代初めに自らの土地を使って、ミニ国家「ミニ・ユーゴスラヴィア」を創設したそうである。ある種のテーマパークとして、ノスタルジーをいだく者たちと観光客を集め、一時は盛況だったが、残念ながら閉鎖してしまったとのこと。（山崎信一）

ミリャツカ川 (Miljacka) に沿って広がるサラエヴォの町 (*Review*, 1978年7-8月号, 19)

サラエヴォ——パルティザン戦争の舞台ボスニアの首都で多民族国家の縮図は
「ユーゴスラヴィア精神」の中心

　社会主義ユーゴスラヴィアにおいて、ボスニア・ヘルツェゴヴィナは唯一、民族名称を冠しない共和国であった。ムスリム、セルビア人、クロアチア人が共同主権を持つ共和国ボスニアは、多民族国家ユーゴスラヴィアの中の多民族共和国であり、まさにユーゴスラヴィアの縮図だった。加えて社会主義国家の基礎が、ボスニアを舞台にするパルティザン

モスクと教会が共存する町（*Review*, 1984 年, 208 号, 21）

パイプをくゆらせるおじさん
（*Review*, 1981 年 1·2 月号, 43）

サラエヴォの旧市街、バシュチャルシヤ（同, 42）

戦争の中で築かれたこともあり、ボスニアは「ユーゴスラヴィア精神」の最も強い土地柄でもあった。当時は、ボスニアを指して「中央の共和国」とよく言われたが、地理的にも、そしてそれ以上に精神的に、ユーゴスラヴィアの中心にあったのがボスニアだった。

　そして、そんなボスニアの首都、サラエヴォもまた、ユーゴスラヴィア精神に満たされ

夕陽にけぶる冬のサラエヴォ（*Review*, 1983 年, 206 号, 表紙）

た都市であった。多民族都市サラエヴォの中心部には、イスラムのモスク、正教会、カトリック教会、ユダヤ教のシナゴーグが集まり、多文化の雰囲気に満ちていた。1984 年にこの都市で開催された冬季五輪も、外に開かれたコスモポリタンな街の雰囲気を強くした。サラエヴォ市民にとって、どの民族に属するかは重要ではなく、サラエヴォっ子であることが重要なのだともよく語られた。当時のサラエヴォ市民を分けていたのは、どの民族に属するかではなく、街の二つのサッカークラブ、「ジェリェズニチャル」と「サラエヴォ」のどちらを応援するかであった。

　山に囲まれた人口 30 万人ほどの都市だったサラエヴォだが、社会主義期には文化の発信地としても重要な存在だった。連邦が徐々に解体に向かう 1980 年代においても、サ

紛争発生時、炎に包まれるボスニア政府庁舎
http://commons.wikimedia.org/wiki/File:Evstafiev-sarajevo-building-burns.jpg (CC BY-SA 2.5)

ラエヴォから発信される文化は、「ユーゴスラヴィアの擁護」を強く主張するのが常だった。ユーゴスラヴィア精神の中心たるサラエヴォにとって、それはある意味当然でもあったが、当時強まりつつあったナショナリズムの危険を、身を持って感じつつあったのが多民族都市サラエヴォだったのかもしれない。

　1992年の4月、サラエヴォが、そしてボスニア全体が戦火に包まれようとする中でも、最後の瞬間までサラエヴォはユーゴスラヴィアの多民族精神を体現していたのだろう。人々は、スナイパーの銃弾が飛び交う中でも、平和を求めて集会やデモに繰り出した。しかしもちろん、武器を持たない市民が銃弾に打ち勝つことはできなかった。戦争は、サラエヴォの都市だけではなく、その精神も容易に破壊してしまったのだ。（山崎信一）

セルビア向け（キリル文字）　　　　　　　　　　クロアチア向け

スロヴェニア語　　　　　マケドニア語　　　　　セルビア向け（ラテン文字）

各言語で刊行されたユーゴスラヴィア社会主義連邦共和国憲法（1974年）の冊子

「民族」は問題にならなかった／なった──「諸民族の平等」の内実

　多民族で構成されたユーゴスラヴィアには、民族間関係や「民族問題」といった関心がよく向けられる。「多民族国家って大丈夫？」という想定であるが、そんなことは百も承知。そもそも体制のスローガンとして「友愛と統一」が掲げられ、「諸民族の平等」が謳われたように、この国は絶えず民族間の関係を意識し、その関係が不和や対立に収斂しないよ

うに制度が構想され、利害の調整と配慮にかなり気が配られていた——だが、悲しいかな、統一国家は最終的に解体しただけでなく、欧米や世界の注目を集めた戦争や「民族浄化」までが起こった。そうなると、古来永劫の民族間の「憎悪」やら「怨念」やら云々……、「眉唾」的な説明がもち出されたり、「やっぱ民族どうし仲悪いんだねえ」と早合点されたりもする。

けれども、第二次大戦後40年以上に渡って存続した統一国家の取り組みのなかで、民族間の関係は全体としてそれなりに良好であったと考えるのは、それほど実態とかけ離れていないように思う。ただ「それなりに」と譲歩するのは、物事は白黒でそこまで単純化できず、日常的な関係における共存や共生の実践と、社会生活を営む上での諸制度における利害関係では、「民族」のもつ意味が異なり、民族間の関係は違って見えてくるからである。

まず、何よりも「諸民族の平等」の原則の下、南スラヴ系もそうでない民族も平等に扱われることが謳われ、各民族言語の使用や教育も可能な限り認められた。民族的な差別、憎悪や不寛容の煽動は「違憲であり処罰される」と憲法にもはっきりある（1974年憲法第170条）。こうした規範に、そもそもの民族的な混住地域、社会の流動化に伴う都市の多文化的空間、世俗化と相対的に低い宗教意識、「共通語」としてのセルビア・クロアチア語、一定数を占めた民族的混成の家族・家庭など、様々な要因が加わって、日常的な接触で民族の違いを意識する機会は少なくなり、また意識すること自体が時に面倒にさえなる。社会主義時代を振り返って、民族は当時「問題にならなかった」という声がよく聞かれるのは、こうした社会の実体験を映し出していよう。

だが一方、民族間の関係が、カネ・権力・ポストといったある意味の「生々しい」話に関係してくる場合、事情は多少変わってくる。限りあるパイをどう平等に配分するか——ユーゴスラヴィアでは、国是である「諸民族の平等」に則り、権力やポストの配分は、住民の民族比に基づくか、あるいは輪番制によって回すかを常としていた。これは、各種公的機関や軍の構成、役人や公務員、企業の雇用の数など、連邦から共和国／自治州、そして各地の自治体まで、すべからく社会の隅々において徹底された。とくに混住地域には顕著に見られ、例えば3民族混住のボスニア・ヘルツェゴヴィナでは、共和国機関の3者の平等なポスト配分はもちろんのこと、ある反体制的な活動の処分において、3つの民族的出自の人物が（関与の大小にかかわらず）「平等に」処罰されたという話もある。人事、選挙、就職、昇進、行政サービスの利用など、公的制度と接する場面では、どの民族であるか（民族籍）が重要になり、その意味で民族はかなり「問題になった」わけである。こうして平等性の徹底が、皮肉にも平等の主体となる「民族」の意味を際立たせることに繋がり、またそうであるが故に、その「民族」は、国の体制において、競合する利害関係を代弁するある種有効な手段となった。

そんなわけで、日常的な交流では、民族が問題にならず、多文化的な共生や共存が実践されている一方、かたや連邦の共和国への予算をめぐる議論のなかで、スロヴェニア人ないしクロアチア人とセルビア人が時に揉めるというのは、まったく矛盾しない、どちらもユーゴスラヴィアらしい民族間の関係を物語る現実である。（鈴木健太）

ジョーク——社会主義体制への皮肉と民族のステレオタイプが人気

　ユーゴスラヴィアの人々は、ジョーク好きである。人々が集まると、新しく仕入れたネタをお互いに披露しあう。ジョークは、内容も重要であるが、どう上手くそれをしゃべるのかも肝要であり、上手くジョークの話せる人物は、それだけで一目置かれる存在となる。コーヒーをすすりながらおしゃべりに興じる中で、大の男たちがジョークを披露して大声で笑う様は、微笑ましくもあるが、「仕事はしないのかな」と少し心配にもなる。

　ジョークの題材は、実にさまざまある。社会主義時代には、政治体制を皮肉るようなジョークもたくさんつくられた。その多くは、ソ連や他の東欧諸国と共通する題材に拠っており、固有名詞を入れ替えるだけで、どこに行っても通用しそうである。また、欧米に共通する、「ブロンド美女の愚かさ」をあげつらうジョークも人気であった。

　しかし、ユーゴスラヴィアのジョークの中で、最も多く語られたのは、民族のステレオタイプな特徴を笑うタイプのものである。「計算高いスロヴェニア人」「格好つけのクロアチア人」「愚かなボスニア人」「プライドが高く自慢ばかりのセルビア人」「怠け者のモンテネグロ人」「けちなマケドニア人」といったステレオタイプは、好んでジョークの題材にされた。とりわけ、「愚かなボスニア人」は、隣接の諸民族のジョークに取り上げられるだけではなく、ボスニアの人々自身も、自らの愚かさを題材に笑っていた。「ムーヨとハソ（Mujo i Haso）」や「ムーヨとスーリョ（Mujo i Suljo）」（いずれもボスニア・ムスリムの人名）を題材とするジョークは、どこに行っても人気だった。

　連邦解体とそれに引き続く内戦は、人々をジョークでは済まされない状況に追いやった。日々の生活に追われ、場合によって生命の危険にさらされながらも、それでも人々はジョークを披露しあった。もしかしたら、彼らに内在する「笑い」が、当時の困難な状況を乗り越えるひとつの力になったのかもしれないと、考えさせられもする。

「『**我考える、ゆえに我あり（※デカルトの有名な言葉）**』、こう言い終えるとムーヨは**消滅した**」（愚かなムーヨは考えない）

「**私は混合結婚（※民族間結婚を指して使われる言葉）で生まれた子供だ。父親は男性、母親は女性だ**」

（山崎信一）

クム——外部から理解しづらい血縁より濃い関係

「クム（kum）」、このちょっと変わった響きの言葉は、ユーゴスラヴィアの社会を理解する上で欠くことのできないものである。クムとは、元来、キリスト教における結婚式の際の介添人、および子どもの出生時の洗礼親を指す言葉である。しかし、旧ユーゴスラヴィアの社会においては、クムは、単なる介添人や洗礼親といったものを超えて、はるかに深い関係を意味する。クム同士は、家族間で場合によっては何世代にもわたっての濃密な関係を取り結び、親戚や家族以上に重要視される。いわば、擬似的な血縁関係でもある。本来、キリスト教における習慣であったクム関係であるが、社会主義体制下においても、いくぶん世俗的な形を取って維持

結婚式の様子（*Review,* 1974年10月号, 4）

され続けた。社会の流動性が高まる中、民族や宗教を超えて、クム関係を取り結ぶ例もみられるようになる。

このクム関係は、この地で制作され、国際的にも評価された多数の映画の中でも、重要なモチーフをなしている。例えば、エミール・クストゥリツァ監督のカンヌ国際映画祭最高賞受賞作『アンダーグラウンド（Underground）』の主人公のふたり、マルコとクロは、作中の設定ではクム同士である。日本語の字幕では「親友」とされているが、これでは、「クム」という言葉から想起される独特の感覚は、なかなか理解できないだろう。物語の中で語られるように、クムは、家族同然の親しい間柄であるだけでなく、時にはライバルとなり、さらにはお互いに殺し合うことさえある。この愛憎半ばするクムの感覚は、地域の外からではやはりなかなか理解できない。

こうしたクムのあり方は、ユーゴスラヴィアにおける、一般に濃密な人間関係を反映しているものでもあるだろう。これは、「コネ」の存在が円滑に社会生活を送る上で欠くことができないという事情を反映したものでもある。人々は、毎日のようにクムや友人と会って語り合う。一日外出して、友人と出会わないことの方が希だともいう。ユーゴスラヴィア最大の都市であったベオグラードも、ある人に言わせれば、「ユーゴスラヴィア最大の村なのだ」、ということだそうである。（山崎信一）

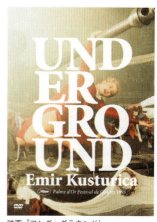

映画『アンダーグラウンド』

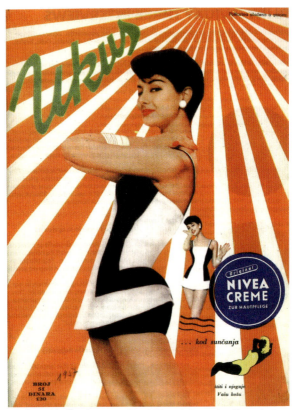

『テイスト』51号（1957年）(Ženska strana: Muzej 25. maj, Beograd = Women's Corner: Museum 25th May, Belgrade: 15. 05. - 01. 08. 2010, Beograd, 2010, 53)

女性向けライフスタイル雑誌―反ファシズム女性戦線は戦後、ヘアスタイルやコスメを紹介

　共産主義政権は一般的に、階級闘争を解消するという原則のもと、女性の社会的地位の向上を強力に推し進めてきたが、これはユーゴスラヴィアも同様である。1942年、反ファシズム女性戦線（Antifašistički front žena、略称 AFŽ）がユーゴスラヴィアのパルティザン運動に連動するかたちで設立されると、ユーゴスラヴィア地域の多くの女性は様々なかたちでパルティザン闘争に動員された。反ファシズム女性戦線は、1943年、第二次大戦中に雑誌『戦う女性（Žena u borbi）』および『今日の女性（Žena danas)』を発行し、女性も積極的に戦争参加すべきであるということを宣伝した。

　大戦後には、戦争による荒廃の後片付け、衛生面のケア、子供の教育などが女性の社会的役割として重視されるようになり、「戦う女性」はそのまま「働く女性」となっていった。

『テイスト』(1953年)(同, 46)

『テイスト』12号(1948年)(同, 18)

ただし家事の分担が叫ばれるには至っておらず、むしろそれらの仕事をこなすために、どのようにエネルギーを節約しながら「効率的に」家事を行うかが重視されることが多かった。社会進出した女性たちは、同時に、ファッションの担い手にもなっていく。1946年には、反ファシズム女性戦線もファッション誌『テイスト(Ukus)』を出版し、保存食レシピなどの家事マニュアルのほか、新しいヘアスタイルやコスメを紹介するなど、都市のライフスタイルをリードするようになる。

　さらにユーゴスラヴィアが物質的に豊かになっていく1950年代には、ダンスパーティ、ジャズの夕べ、映画や演劇などのイベント情報を盛り込んだ『プラクティカル・ウーマン(Praktična žena)』が発行される。ここでは、労働の合間に自分の時間を楽しむという、新しい女性のライフスタイルが提案されていた。このようにしてパルティザン女性闘士たちは、戦後間もなくの間に、労働力へと、そして流行の消費者へと変貌を遂げていった。(亀田真澄)

見開き右ページに見えるのが百貨店「ベオグラード」テラジエ広場(Terazije)店。
(Review, 1964年10月号, 26-27)

百貨店とスーパー——地元名店やローカルブランドも存在し、各共和国を象徴する存在に

　ユーゴスラヴィアの豊かな消費生活を支えていたのが各共和国を代表する百貨店やスーパーマーケットの存在である。これらの百貨店やスーパーのチェーンは、一企業以上に、本拠となる都市や共和国を象徴する存在として、市民に親しまれてきた。

　ベオグラードの百貨店と言えば、その名もズバリ「ベオグラード」である。とはいえ、ベオグラードの場合は、百貨店そのものよりも、テナントとして入っていた高層ビル「ベオグラジャンカ(Beograđanka)」の名を挙げた方が通りが良いであろう。「ベオグラードの女性」を意味する「ベオグラジャンカ」はベオグラードの中心部に屹立する高層ビルである。農村社会のセルビアにおいて、ひときわ都会的な異彩を放つ高層ビルは、都市的な「ベオグラードの女性」と呼ぶのにふさわしい佇まいである。

　ザグレブには、共和国広場の西側に建つ「ナーマ(Nama)」がある。ナーマのルーツは1870年代にまで遡ることができる。当時、ザグレブを訪れたウィーンの商人カール・

　カストナー（Karl Kastner）とヘルマン・エーラー（Herman Öhler）がショッピングセンターを開設したのがそもそもの興りとされる。19世紀の後半という激動の時代にあって、カストナーとエーラーは電飾を使ってショーウィンドウを飾り立て、彼らの百貨店は豊富な品ぞろえとともに、その華やかさによってもザグレブ市民の注目を集めた。カストナーらの百貨店は第二次世界大戦後に国営化され、その際に「Narodni Magazin」すなわち「人民のデパート」と名付けられた。この頭文字をとった「Na Ma」が現在の名称の由来だ。1960年代以降、クロアチア、スロヴェニアを中心に各地に店舗展開した。

　ユーゴスラヴィア各地には、北海道にとってのポプラ的なローカルスーパーも存在していた。ベオグラードの「ツェー・マルケット（C market）」などは、独自のブランド商品も開発・販売し、この辺りはさながらイオンである。また、ユーゴスラヴィア・スーパーの代表格としては、現在においても存在感を示しているスロヴェニアの「メルカトル（Mercator）」がある。メルカトルは、第二次世界大戦後間もない1949年、「ジヴィラ・

ツェー・マルケット独自ブランドのコーヒー。(展示会「Živeo život」(ベオグラード)、2014年、鈴木撮影)

ノヴァ・ゴリツァ(Nova Gorica)のスーパー。イタリア語表示も見える。(*Review*, 1973年6月号, 7)

開店前の準備。ベルトに拘束されるマネキン……斬新。(*Review*, 1973年11月号, 17)

リュブリャナ(Živila Ljubljana)」という名でリュブリャナにオープンした。1953年には現在の名称に改称し、スロヴェニア国内を中心にチェーン展開をしていたが、ユーゴスラヴィアの崩壊以後、その販売網をかつての構成諸国に瞬く間に拡大した。進出される側のセルビアなどでは反発する人びとも当初は少なくなかったが、メルカトルではセルビア製品も販売されていたし、何よりかつて慣れ親しんだスロヴェニアの商品が販売されていることから、現在は各地で人びとに受け入れられている。メルカトルの販売網を通じて、仮想のユーゴスラヴィアが再構成されているようにすら映る。
(百瀬亮司)

ベオグラード新市街にオープンしたメルカトル（1973年）。地味だ。(*Review*, 1973年11月号, 27)

ザグレブ、クヴァテルニク広場（Kvaternikov trg）のナーマ。（上下、いずれも、*Zagreb*, Zagreb, 1969［頁数記載なし］）

ザグレブ新市街に1960年代に開店したナーマ。

新聞——多言語で各種、キリル・ラテン両文字併用の新聞も。通信社はあのタンユグ

　国内に6共和国と2自治州が設けられ、少なくとも3言語（セルビア・クロアチア語、スロヴェニア語、マケドニア語）が公用語であったユーゴスラヴィアでは、地域ないし言語ごとに様々な新聞が発行されていた。基本的には、共和国（と自治州）の単位ごとに主要な日刊紙が存在し、そのなかで流通や読者の範囲が構成された。だがそれに留まらず、他の共和国ないし言語の新聞を読むことも可能であり、セルビア・クロアチア語の新聞であればその流通範囲は全国的に広がっていた。

　連邦全体で読まれた代表的な新聞が、『ボルバ（Borba）（闘争）』と『コムニスト（Komunist）（共産主義者）』である。どちらも党（ユーゴスラヴィア共産主義者同盟（SKJ））の機関紙で（前者は、1954年からは党の大衆組織であるユーゴスラヴィア社会主義労働人民同盟（SSRNJ）の機関紙）、「闘争」とか「共産主義者」とか、いかにも社会主義時代らしい実直かつ剛健な名称となっている。『ボルバ』が日々のニュースを伝える通常の日刊紙（土日は合併号）であるのに対し、週刊の『コムニスト』は長めの記事や論稿も掲載されるなど、より「硬派」な内容で、いわゆる機関紙の色彩が強かった。なお、創刊年は『ボルバ』が1922年、『コムニスト』が1925年と、戦間期のユーゴスラヴィア共産党の時代にさかのぼる。

　どちらの新聞も、その多くはセルビア・クロアチア語で流通した（厳密には、『ボルバ』はこの単言語、『コムニスト』は他にスロヴェニア語やマケドニア語など、多言語で刊行された）。興味深いのは紙面の文字である。単一の言語とされたセルビア・クロアチア語において、セルビアはキリル文字、クロアチアはラテン文字が主に使用される。そのため当初はキリル文字とラテン文字それぞれの版が刷られたが、経済危機下の1980年代には、ひとつの版で2つの文字が併用されるようになった。『ボルバ』は頁ごと、『コムニスト』では号ごとに紙面の文字が異なるという具合である。つまり、『ボルバ』に至っては、ひとつの号のなかにキリル文字とラテン文字の頁が混在し、1面がキリル文字の日もあればラテン文字の日もあって、それに応じて新聞のロゴも変わる（前者が「Борба」、後者が「Borba」）。見た目の印象は違うが、平仮名と片仮名のように、双方の文字は完全に互換可能。またこの時代はどちらの文字も教育されており、とくに問題はなかった。新聞を単一の版で発行する際、どこまでも「諸民族の平

『ボルバ』のティトー死去翌日の1面（1980年5月5日号）

『デーロ』
Delo（労働）
スロヴェニア

『ヴェスニク』
Vjesnik（時報）
クロアチア

『オスロボジェーニェ』
Oslobođenje（解放）
ボスニア・ヘルツェゴヴィナ

『ポリティカ』
Politika（政治）
セルビア

『ドゥネーヴニク』
Dnevnik（日報）
ヴォイヴォディナ、
セルビア語

『マジャル・ソー』
Magyar Szó
（ハンガリーの言葉）
ヴォイヴォディナ、
ハンガリー語

『リリンジャ』
Rilindja（再生）
コソヴォ、
アルバニア語

『イェディンストヴォ』
Jedinstvo（統一）
コソヴォ、セルビア語

『コムニスト』
（1980年5月5日特別号）

『ポビェダ』
Pobjeda（勝利）
モンテネグロ

『ノヴァ・マケドニヤ』
Нова Македонија
（新マケドニア）
マケドニア

ティトー死去（1980年5月4日）当日および翌日の国内各紙1面
（各共和国／自治州の主要日刊紙）

『ニン(NIN)(週刊情報紙)』(ポリティカ社、ベオグラード):総合週刊誌

『スタルト(Start)(スタート)』(ヴェスニク社、ザグレブ):総合週刊誌(隔週)

『ポリティキン・ザバヴニク(Politikin zabavnik)(ポリティカ画報)』(ポリティカ社、ベオグラード):大衆娯楽週刊誌

『ケケッツ(Kekec)』(ボルバ社、ベオグラード):若者向け娯楽雑誌

『スヴェ・オコ・ナス(Sve oko nas)(私たちの周りのすべて)』(ヴェスニク社、ザグレブ):若者向け学習雑誌

『アウト(Auto)(オート)』(デーロ社、リュブリャナ/ポリティカ社、ベオグラード):自動車雑誌

1970年代のユーゴスラヴィアの代表的な雑誌(いずれも、*Review,* 1970年12月号, 24-25より)

等」に基づいて、セルビアとクロアチアの言葉の双方の特徴を尊重するというユーゴスラヴィア的な事情が紙面にも垣間見れる。

　なお、ユーゴスラヴィアの解体とともに『コムニスト』は廃刊。『ボルバ』は1990年代に反ミロシェヴィチ政権を代表する新聞メディアとして存続し、その後2000年代に入っても細々と発行されていたが、2009年にこちらもその歴史に幕を下ろした。

　ついでに言うと、『ボルバ』や『コムニスト』をはじめとした国内の新聞に主たるニュースや記事を提供していたのが、「タンユグ(Tanjug)」という通信社。正式には「新ユーゴスラヴィア通信社(**T**elegrafska **a**gencija **n**ove **Jug**oslavije)」となるが、頭文字をとった「タンユグ」の略称で当時から知られる。いまだ第二次世界大戦中の1943年11月5日、ボスニア・ヘルツェゴヴィナのヤイツェにて、占領下の解放運動を進めるパルティザン側の情報および宣伝機関として組織された。創設者はモシャ・ピヤデ(Moša

『テンポ(Tempo)』(ポリティカ社、ベオグラード):スポーツ雑誌

『ナシュ・ドーム(Naš dom)(私たちの家)』(ヴェチェル社、マリボル):住宅雑誌

『エヴァ・イ・アダム(Eva i Adam)(イヴとアダム)』(ドゥーガ社、ベオグラード):官能雑誌

『フロント(Front)(戦線)』(ナロードナ・アルミヤ社、ベオグラード):軍事雑誌

『オナ(Ona)(エル)』(ムラデンスカ・クニーガ社、リュブリャナ):『Elle』のセルビア・クロアチア語版(キリル文字)

『ミキ(Miki)(ミッキー)』:ご覧の通り、ミッキーマウスの漫画雑誌

Pijade)。「開局」といっても最初は設備も乏しく、数台のタイプライター、小さな無線機、年季の入った謄写機があるのみだった。それでもユーゴスラヴィア成立後は、国営の通信社として、通信技術の発達にも遅れることなく最新の設備を整え、1970、80年代には非同盟諸国の報道機関の整備、記者や技術者の育成にも関わったという。冷戦という情報も国境やイデオロギーの「壁」によって分断される時代にあって、非同盟のつながりや「東西」のどっちでもない立場を生かしつつ、国際的な評判も高かった。とくに「東側」諸国に関する報道には力を発揮し、いわゆる「東欧革命」が生じた1989年の12月、お隣ルーマニアのチャウシェスク政権崩壊に至る出来事を世界に最初に伝えたのは「タンユグ」であった。

　「タンユグ通信」は現在も、セルビアの一部国営の通信社として、名前もそのままに存続する。略称が正式名称となった格好だが、社名に刻まれる「J」(=「Jugoslavija」)の文字には、かつての名残を感じることができる。(鈴木健太)

テレビ雑誌を読む女性。その傍らには海外の大手雑誌も見える。(同, 28)

国内に流通した色とりどりの雑誌や画報(1960年代後半)。(Review, 1968年5月号, 22)

売り場でイタリアの雑誌を立ち読みする女性。(同, 27)

年一度の出版業界の一大イベント、ベオグラード国際ブックフェアの様子。(同, 26)

現在の「タンユグ」本社。玄関上には「TANJUG」の文字。(鈴木撮影、ベオグラード、2014年)

女性のヌードがいつも表紙を飾った『スタルト(Start)』誌。大衆雑誌ではなく、比較的硬派な総合週刊誌である。左には、タバコ「ザグレブ(Zagreb)」の広告。(*Start*, 1989年6月24日号, 裏表紙; 1989年7月8日号, 表紙)

食

オシムが率いたクラブ、ジェリェズニチャルの熱狂的サポーターが営むチェヴァプチチ屋「ジェーリョ」。店内にはオシムとの記念撮影の写真も。(本両頁、いずれも鈴木撮影、撮影年：2014年)

肉食文化——豚商人が近代セルビア国家幕開けの指導者にまで

　肉料理に関しては、地域ごとに若干の偏差はあれど、いずれの地域にも共通した料理がある。その代表的なものの一つがチェヴァプチチ（ćevapčići）だ。トルコ語の「ケバブ」に由来するのは一目瞭然、オスマン帝国支配の名残を感じさせる名称だ。レシピは地域的な差はあるが、たとえば右の通り。

　材料を合わせてミンチにして、親指ほどのサイズにまとめたものを、炭火であぶるのが一般的だ。材料的、工程的には、ほとんどソーセージと変わらないが、豚の腸に詰めることはしないため、「皮なしソーセージ」と呼ばれることもある。レストランでは肉料理の一品として供され、付け合わせには玉ねぎのみじん切りが一般的だ。マケドニアの庶民的なレストランでは、ネギが一本ついて来るときもある。パプリカ・ペーストのアイヴァルや、サワークリームを塗る向きもある。レストランだけでなく、ファスト・フードとしてより手軽に食べられることも多い。普通のパンはもとより、レピニャないしソムンと呼ばれる、ピタのようなパンにはさまれ、サンドイッチ風に食される。

　同様に人々に親しまれている肉料理が、やはりひき肉を使ったプリェスカヴィツァ（pljeskavica）。「セルビア風ハンバーグ」などと表現されることもあるが、形状はいわゆるハンバーグよりもずっと平べったい。捏ねたひき肉を手のひらで叩いて平べったくす

(同、2014 年)

(同、2008 年)

チェヴァプチチ（6〜8人前）

牛ひき肉　1ポンド
羊ひき肉　1/2ポンド
豚ひき肉　1/2ポンド
塩　小さじ1
卵白　卵1個分
黒コショウ　小さじ2
赤唐辛子　小さじ1
重曹　1/2カップ
ニンニク　5片（よくすりつぶすこと）

プリェスカヴィツァ（6枚）

牛ひき肉　1ポンド
豚ひき肉　1/2ポンド
羊ひき肉　1/2ポンド
ニンニク　2かけ（よく刻むこと）
玉ねぎみじん切り　1/2カップ
塩　小さじ1と1/2
パプリカ粉　小さじ1

るので、「手拍子（pljesak）」からこの名がついたとのこと。ひき肉のみのシンプルなものから、カチュカヴァリ・チーズを混ぜ込んだ「グルメ向け」と呼ばれるもの、鍋敷きのような存在感を誇るものもある。チェヴァプチチ同様に、炭火で焼かれ、レタス、タマネギ、トマト、キュウリなどの野菜や、マスタード、マヨネーズ、パプリカ粉などの調味料といった付け合わせとともにパンにはさんで食されることが多い。

　セルビアの中央に広がるシュマディヤ平野は、ナラなどの雑木に恵まれ、19世紀以来豚の飼育が盛んであった。隣国オーストリアで軍隊の近代化が進むと食肉需要が増加し、これに呼応してセルビアの養豚業は主要産業へと成長した。豚商人が経済的に力をつけ、社会的にも地域の名士として指導者的な立場を獲得するようになる。近代セルビア国家の幕開けとして位置づけられる「第一次セルビア蜂起」の指導者であるカラジョルジェ

ジェーリョ店内の調理風景。（同、2014 年）

定番メニュー「炭焼き肉の盛り合わせ」。米は付け合わせの野菜扱い。(鈴木撮影、2014年)

(Karađorđe) も豚をあつかう商人であった。南部のレスコヴァツ (Leskovac) では、大量の炭焼き肉 (roštilj) が供される「肉祭り」が開催され、欧州中から観光客が集まる。また、守護聖人の祭日スラヴァの祝祭では豚が一頭丸焼きにされ、客人に振る舞われる。

　肉食が盛んなのは、もちろんセルビアだけではない。クロアチア中部のペトリニャ (Petrinja) には、食肉加工業の老舗、ガヴリロヴィチ (Gavrilović) 社がある。同社によればそのルーツはなんと1690年、オスマン軍の侵攻から避難してペトリニャにやってきたイヴァンとペタルのガヴリロヴィチ兄弟にさかのぼる。以後、ガヴリロヴィチ家は、マリア＝テレジアが作った肉屋ギルドの一員となったり、クロアチア民族の英雄イェラチッチの軍隊お抱え業者になったり、クロアチアで初めてのサラミ製造業者になったり、ウィーンのサラミ国際品評会で金メダルを獲ったりと大活躍。第二次世界大戦後、ガヴリロヴィチ家はユーゴスラヴィアを離れるが、自主管理下で同社は存続し、1950年代にはドイツやオーストリアへの輸出を再開した。ガヴリロヴィチマークのサラミやソーセージは、ガストアルバイターたちの空腹を満たしたことだろう。

　このように、一般的には豚肉が多く消費されているが、肉食のバリエーションは豊富だ。北部では牛、南部では羊の放牧も行われ、山岳部を中心に山羊の肉も供される。ボスニアやコソヴォなど、イスラム教徒の多い地域では、肉食の中心は羊肉や牛肉である。旧ハプスブルク圏を中心に牛肉料理もある。たとえばグーラシュ (gulaš)。ハンガリー料理の代表格として名高いグヤーシュに由来するのは明らかだが、似ているのは名称だけで、実際にはビーフシチューに近い。歴史を伴った地域性と共通性が混在する肉食文化もまた、ユーゴスラヴィア的であるのではないか。(百瀬亮司)

ガヴリロヴィチの広告。
（*Review*, 1969 年 4 月号, 裏表紙）

寒空の下、炭焼き肉を楽しむ大統領夫妻。ものほしそうな犬。（*Review*, 1976 年 5 月号, 6）

ベオグラードのビールフェスタでの露店。手前に大小のプリェスカヴィツァが並んでいる。（撮影：吉田正則、2008 年）

シュリヴォヴィツァの広告。ラキヤのなかではシュリヴォヴィツァがやはり基本。(*Review*, 1980 年 4 月号, 35)

ラキヤ──「自家製作れなくなるかも」と、EU加盟反対の論拠にまで

　ユーゴスラヴィアの国民的な飲みものと言えば、発酵させた果実から作る蒸留酒「ラキヤ (rakija)」だろう。バルカン半島全域で飲まれているお酒で、家に客人を招くときのウェルカムドリンクとして出されることも多い。アルコール度数は40度から、高いものだと60度程度にもなるが、ストレートで飲む。特に自家製ラキヤはアルコール度数も強く、また市販のものよりもおいしいので、現地の人々にとっては特別な存在である。EU加盟国になると自家醸造が法律上禁止されるため、「EU加盟に賛成か反対か？」と現地の人たちに尋ねてみると、「家でラキヤが作れなくなるなら反対！」という声が聞こえてきたほどだ。

ユーゴスラヴィア時代は、自家製のアルコールを作ることだけでなく、販売することも違法ではなかった。大掛かりな蒸留装置を持っている家庭も珍しくなかった。(*Review*, 1980年4月号, 35)

セイヨウスモモ（プルーン）から作られるシュリヴォヴィツァ、ブドウから作られるロゾヴァチャ、洋梨から作られるクルシュコヴァチャなどが主流である。これらの蒸留後にハーブを漬け込んだトラヴァリツァ、くるみを漬け込んだオラホヴァチャ、はちみつを加えたデザート酒メドヴァチャなどがある。ユーゴスラヴィア時代にはさくらんぼのリキュールであるマラスキーノとともに、ユーゴ・グルメとして海外に輸出されてもいた。（亀田真澄）

海外向けの広告では、ラキヤがワインと肩を並べる。
(*Između straha i oduševljenja*, スライド329)

BIPの製品ラインナップ。ラテン文字版BiPと、キリル文字版БиПの両方が見える。（展示会「Živeo život」、2014年、鈴木撮影）

ビール——ユーゴスラヴィア各地で地元ブランドが成長

　ユーゴスラヴィアは豊かな自然に囲まれ、さまざまなアルコール飲料の製造に恵まれた土地である。中でもビールは、老若男女を問わず気軽に飲める飲料として多くの場所で供されている。自家製造をしている小さなビアホールも存在するが、やはり共和国ごとの「ナショナル・ブランド」の多様性が興味深い。製造会社の多くは自社の街・都市名を冠しており、それぞれに代表的な銘柄を生産している。

　スロヴェニアを代表するビール会社は1825年創業のラシュコ醸造所（Pivovarna Laško）だ。スロヴェニア民話に登場する鹿のような獣、ズラトロク（zlatorog）（黄金の角を意味する）がラベルにあしらわれたラガービール「ズラトロク」で知られる。首都リュブリャナには1864年創業のウニオン（Union）もあり、両者がスロヴェニアの二大銘柄と言える。

　クロアチアでも、地方都市カルロヴァツ（Karlovac）と首都ザグレブのビール会社が人気を二分している。18世紀の終わりからビール製造の伝統を持つカルロヴァツのビールは、現在もカルロヴァチュコ・ピーヴォ（Karlovačko pivo（カルロヴァツのビール））と呼ばれクロアチアの人々に愛飲される。1892年創業のザグレブ醸造所（Zagrebačka pivovara）は、クロアチアで最も有名であろうオジュイスコ（Ožujsko）を生産している。オジュイスコは、クロアチアで3月を意味するオジュヤク（ožujak）の形容詞のかたちで、日本語で言えば「弥生」といったところか。3月はビールの出来が良い季節とされ、オジュイスコの名もそこに由来している。

　セルビアでは一巻でも取り上げたドイツ系セルビア人ジョルジェ・ヴァイフェルト（Đorđe Vajfert）ら、「ビール大国」にルーツを持つ人物によるものを中心として、19世紀に各地で醸造所が立ち上げられた。ベオグラードを代表するのは、ヴァイフェルトの醸造所などが1963年に合併して生まれたベオグラードビール産業（Beogradska industrija piva）、通称BIPだ。これに対峙するのは、クロアチア国境にほど近いヴォイヴォディナの街アパティン（Apatin）にあるアパティン醸造所（Apatinska pivara）。主要ブランドはイェレン（Jelen）。ラベルには名前の通り、鹿（セルビア・クロアチア語でイェレン）が描かれている。

　モンテネグロの名品ニクシチコ（Nikšićko）はセルビアでも人気が高い。モンテネグロのニクシチ（Nikšić）に本社を置くトレビェサ醸造所（Pivara Trebjesa）の製品ニクシチコは、山がちな土地から流れるきれいな水の恩恵にあずかり、雑味の少ない上質のビールとなっている。これらの銘柄は、旧ユーゴ各地でも一般的に売られている。このほか、ボスニア・ヘルツェゴヴィナのサライェヴスコ（Sarajevsko）、マケドニアのスコプスコ（Skopsko）、コソヴォのペヤ（Peja）などがあるが、これらはその地に行かないとなかなか手に入らない、レア度の高いビールである。

　ユーゴスラヴィアのビールは、レストラン単位で醸造されているような地ビールを除けば、ほとんどがラガービールである。瓶ビールはグラスやジョッキに注がず、瓶の口から飲むのがマナー（？）である。その際には、瓶の首を軽く合わせて、相手の目を見ながら乾杯するのは、どこの土地も一緒である。（百瀬亮司）

ザグレブの街角。天気の良い日は、屋外で一服。(いずれも、鈴木撮影、2014年)

コーヒー——欧州志向の北二共和国ではトルコ・コーヒーが激減

　ユーゴスラヴィアのカフェでコーヒーを注文しようとすると、大きく分けて二種類のコーヒーから選択することになる。トルコ・コーヒーか、それ以外だ。

　この地域のコーヒーといえば、やはりトルコ・コーヒーだ。淹れ方は、ひしゃくのような形をしたジェズヴァ（džezva）と呼ばれる器具に湯を沸かし、粉末状に挽いたコーヒーを投入して煮出す。かつてオスマン帝国に支配されていた地域で広く飲まれているが、ザグレブやリュブリャナでも少し古い作りのカフェやレストランではトルコ・コーヒーを飲むことができる。イスラム的風習が残るボスニア・ヘルツェゴヴィナでは、より「トルコ風」に、銅製のジェズヴァに持ち手のない茶碗のようなコーヒーカップを使い、これら一式がやはり銅製の盆に載ったトラディショナルなスタイルが存在する。客は、自らジェズヴァからカップにコーヒーを注いで飲む。お茶請けとして、ラトルクという菓子が付いてくることもある。他の地域では煮出す時にコーヒーとともに投入する砂糖もボスニア・ヘルツェゴヴィナでは角砂糖として別添されてくることが多い。この角砂糖は、コーヒーに入れて飲むこともできるが、コーヒーに浸したりしながらお茶請けとしてかじるのがいかにも通な趣だ。

　トルコ・コーヒーはカップに移してすぐに飲まずに、コーヒーの粉が底に沈殿するのを

文中で述べた「トルコ風」スタイル。奥の容器の中には角砂糖が入っている。

少し待つ。コーヒーを飲み終わったら、底にたまったコーヒーの粉を使って占いをするのも一興だ。飲み終わったカップをソーサーの上にひっくり返すと、底にたまったコーヒーの粉が流れて、カップの内側にいろいろな模様を描く。その模様を見て、「月が見えます」だの「アルファベットのKが見えます。イニシャルがKの人と運命的な出会いをするでしょう」だのと、コーヒーを飲んだ人の未来を占うのだ。面白いことに、この模様が見える人と見えない人がおり、「占い師」はほとんどが女性だ。この種の占いはロマの女性たちの生業としても知られている。

　現代風のカフェや、スロヴェニアやダルマチアといったイタリアとの文化的つながりの深い地域では、エスプレッソも好んで飲まれている。コソヴォもまた、イタリアとの強いつながりを持つアルバニアを経由してエスプレッソ用の上質の豆が入ってきており、同地の隠れた名物となっている。

　ユーゴスラヴィア解体後は、特に北の二共和国においては欧州志向が強まり、トルコ・コーヒーを飲める場所は数を減らしつつある。替わってエスプレッソやフィルター・コーヒー、あるいはネス（nes）と呼ばれるインスタントコーヒーをカプチーノ風に淹れたものが一般的となってきている。ただ、コーヒーの種類は変わっても、ユーゴスラヴィアの人びとがコーヒーとともに長々と社交の時間を過ごすのは変わらない。「コーヒーでも飲みに行こう」と言われれば、それはあなたが友人として迎えられたことを意味するのだ。（百瀬亮司）

色とりどりのラトルク。下はラトルクができるまで。(いずれも、撮影：吉田正則、2014 年)

製菓メーカー「タコヴォ（Takovo）」のラトルク。民族衣装に身を包んだ女性を挟んで、左側にはラテン文字、右側にはキリル文字で商品名等が書かれている。写真提供：Muzej detinjstva（Vladimir Perić, Milica Stojanov）

ボスニアのお菓子①——やわらかゼリー・ラトルク

　長いあいだオスマン帝国の支配下にあったボスニア・ヘルツェゴヴィナでは、トルコ文化がかなり大きな影響を落としてきた。それは食文化にもあらわれていて、ボスニアでのコーヒータイムにしばしば登場する「ラトルク（ratluk）」は、トルコの食からの影響を象徴する代表格だ。砂糖とデンプンを溶かし、各種のナッツを混ぜ、四角形の型で冷やし、最後に正方形に切って出来上がり。日本のゆべしによく似た弾力性のある砂糖菓子だ。トルコでは 15 世紀には登場していたようで、イスラム圏を中心として広まっていき、ヨーロッパには 19 世紀ころ伝わったとされている。日本でも抹茶を飲むときには和三盆や羊羹が合うように、トルコ・コーヒーの苦さをまぎらわすのにぴったりな甘いお菓子だ。日本でも英語を経由して、「ターキッシュ・ディライト（Turkish delight）」として知られている（トルコでは「ロクム」と呼ばれる）。ユーゴスラヴィア地域の「ラトルク」という呼び名は、アラビア語の「ラーハト＝ゥル＝ハルクム（rahat al-hulqum）（喉への満足）」に由来するトルコ語「ラハト・ロクム（rahat lokum）」から変化したものらしい。トルコのオリジナル版に比べると、ボスニアのラトルクはかなりやわらかいのが特徴で、ピンク色のローズ味のものを最もよく見かける。粉砂糖がふんだんにまぶしてあるので、食べるときには周囲が真っ白にならないよう注意。（亀田真澄）

サラエヴォのタハン・ハルヴァ。イスラム文化を思わせるお菓子のため、パッケージもエキゾチックなものが多い。写真提供：Muzej detinjstva（Vladimir Perić, Milica Stojanov）

ボスニアのお菓子②――ハルヴァ

ラトルクに並んでボスニアを代表するお菓子に、小麦粉、砂糖、バターから作られる、クッキーとケーキのあいだのようなお菓子「ハルヴァ（halva）」がある。これもやはり、イスラム文化圏やその周辺地域で広く親しまれているもので、儀式や祝祭の折にはプリン状のハルヴァを温かいうちにふるまうことが古くからの慣習だ。

ボスニアでは生地にセサミを入れる作り方が典型的で、ハルヴァと言えば「タハン・ハルヴァ（「セサミのハルヴァ」の意味）」が普通だ。ただでさえかなり高カロリーのタハン・

現在もタハン・ハルヴァは円筒の容器で売られる。中を開けてみると……（撮影：吉田正則、2014年）

ハルヴァには、たっぷりのハチミツがかかっていることも多く、健康志向の現代、手作りのハルヴァを売るお店では、かなり小さなポーションで売っていることが多い。ボスニア出身の作家イヴォ・アンドリッチの代表作『ドリナの橋』にも、以下のような祝祭日のエピソードが書かれている。「貧乏人には肉や甘いものが分配された。橋と市街を結ぶ広場では釜でハルヴァをゆでて、まだ暖いうちに人びとに配った。[……中略……]まわりの村々にまでこのハルヴァは行きわたり、それを賞味した者は宰相の健康と彼の作品の長寿を願うのだった。釜の前に14回ももらいに来たあげく料理人に見破られ、しゃもじでなぐられて追い払われた子供たちもいた。ジプシーの子供が一人死んだ。熱いハルヴァを食べすぎたのである。」（『ドリナの橋』恒文社、1966年、83-84頁）（亀田真澄）

裏側にチョコがついたクッキー、ドマチッツァ。

現在も人気の「バヤデラ」。ナッツの風味が口に広がる。

クラシュのココアパウダー。少しねっとりするくらいに濃厚。

クラシュ――戦ってクッキーになっちゃったパルティザン英雄クラシュ

1950年にクロアチアで創業した製菓会社。クラシュ（Kraš）という社名は、第二次大戦中にパルティザン兵士として戦死した、クロアチア人の英雄ヨシプ・クラシュ（Josip Kraš）の名にちなんでいる。クラシュのテーマソングには、この英雄のことが以下のように歌われている――「ヨシプ・クラシュ、私たちの英雄！ 戦って、戦って、クッキーになっちゃった！」

クラシュと聞いて、まずユーゴスラヴィアの人々がまず思い浮かべるのは、おそらく、チョコクッキー「ドマチッツァ（Domaćica）」だろう（ドマチッツァは「主婦」の意味）。ユーゴスラヴィアの人々は、気持ちのいい天気の日、中庭にテーブルセットを出して、コーヒー一杯で何時間も話し続けるのが大好きだ。そんなときの簡単なお茶請けの定番が、ドマチッツァである。他にも、ヘーゼルナッツのウェハース・「ナポリタンケ（Napolitanke）」、板チョコ「ドリナ（Dorina）」、リキュール漬けのチェリーを丸ごと入れたトリュフの「グリオッテ（Griotte）」などの製品で知られている。

また、高級感あふれるヌガーチョコ「バヤデラ（Bajadera）」もヒット商品のひとつ。クルミやヘーゼルナッツをふんだんに使ったチョコレートデザートを、長方形のキャラメル型にしている。チョコレートの焦げ茶色が放射線状に広がるゴールドの包み紙が、ちょっとした贅沢な気分を演出しており、今も手土産に選ばれるスイーツの代表格だ。(亀田真澄)

左：当時のプラズマのパッケージ。右：バンビ社の子供用クッキー「ビセル（Biser）」。「ビセル」は真珠の意味なので、パッケージには漁をするたくましい男性。（展示会「Živeo život」、2014 年、鈴木撮影）

現在のバンビのロゴ。

現在のプラズマ。今日も変わらず、庶民の定番おやつとしてどこにでも売られている。（鈴木撮影、ベオグラード、2009 年）

バンビ（Bambi）——子供の定番おやつ、今では国境を越えて大人買い

　1967 年にセルビアで創業した製菓会社。赤い背景のうえで、華奢な 2 本足をのばし、つんと横を向いた、かわいらしい小鹿の白いシルエットがトレードマーク。

　当初は幼児向けのお菓子を販売していたが、1981 年に発売したビスケット「プラズマ（Plazma）」が大ヒットすると、ユーゴスラヴィア中へと市場を広げた。あっさりとしたシンプルな味わいと、持ちやすい楕円形のプラズマは、いまもユーゴスラヴィアで子供時代を過ごした人々が共通して辿ることのできる記憶のひとつになっている。プラズマは、今はセルビア以外の国ではなかなか入手が難しいため、ベオグラードからザグレブへ向かう列車に乗っていると、プラズマを箱買いした人を見かけることもある。（亀田真澄）

1950年代のザグレブ乳業（Zagrebačka mljekara）のアイス販売三輪車。
(*Leksikon YU mitologije*, Beograd, 2005, 221)

1991年頃

マスコットキャラクター「レド・メド」も時代に合わせて変わってきた。

1980年代　　1990年代〜2000年代　　現在

レド・アイス——三白眼気味の氷のクマちゃん、時代と共に少しずつ進化

　ユーゴスラヴィア時代のアイスクリームと言えば、ザグレブ乳業（のちに「レド（Ledo）」へ改称）のチョコレート・コーティングのバニラアイス「白雪姫」、それにナッツがまぶされた「ニョフラ」、そして「レド」だ。1950年代はバータイプのアイスクリームのみを販売していて、木製のスティックが用いられていたので、ユーゴスラヴィアの子供たちはアイスを堪能したのち、このスティックをもっぱらお医者さんごっこなどに再利用していたという。夏が近づくと、広場や道端にはいち早くアイスの屋台が現れ、大人だって人目をはばからずアイス片手に散歩する、そんな光景が旧ユーゴスラヴィアの国々ではよくみられる。アイス屋台でひときわ目立つのは、レドのトレードマークである、白クマ「レド・メド（氷のクマちゃん）」。当初、太い眉と三白眼気味の目つきで笑みを浮かべていたレド・メドは、少しずつ変遷を遂げており、現在は黒目がちな瞳をもった、丸みを帯びたフォルムのクマになっている。（亀田真澄）

ペカベラ・アイスの当時の包み紙。味によって様々なキャラクターが描かれていた。写真提供：Ana Panić

「さーて、今日はどれにしようかなあ（駄々こねようかなあ）……。」―当時のペカベラの商品メニュー（展示会「Živeo život」、2014 年、鈴木撮影）

ペカベラ・アイス――駄々こねれば2本ゲットも可能な安心感

　ユーゴスラヴィア時代の夏の風物詩と言えば、クロアチアのレド・アイス、そしてセルビア南部の町ニシュの氷菓会社ペカベラ（Pekabela）のアイスバーだ。テノールの声で「ペカベラ、ペカベラ、ペカベラ……」を何度も繰り返すテレビＣＭのテーマソングは、一度聞くと頭から離れない。ペカベラの特徴は、テイストのヴァリエーションが豊富であること、そして何と言っても安価だったことだ。レド・アイスが大人に人気のアイスだったのに比べると、ペカベラは一日に何本も食べたい子供の味方。一番人気のイチゴ味「ルメンコ」は５ディナール、レモン味にチョコレートのかかった「シャレンコ」は７ディナールで、親に少し駄々をこねれば２本買ってもらえるという安さだったそう。（亀田真澄）

「ヴェゲタはユーゴスラヴィア国内だけでなく、海外でも人気！」。着物を着た女性や金閣寺をあしらったデザインの缶入りヴェゲタもあったようだ。(JAT Review, 43 (1989), 36)

ヴェゲタ——ユーゴスラヴィア民族料理の素

　セルビア人作家デヤン・ノヴァチッチ（Dejan Novačić）によるベストセラー『落第生のためのユーゴ連邦』（2002年）は、ユーゴスラヴィアについての教科書を模した作品である。このなかから「民族料理」の章を見てみると、最初の項目は、「ヴェゲタ（Vegeta）」とされていて、説明は以下の文章で始まる——「ユーゴスラヴィア民族料理は、ヴェゲタと呼ばれている」。これは、現地の人たちにはちょっと可笑しい一文だ。なぜなら、「ヴェゲタ」は化学調味料の一商品だが、しかし確かに、民族料理に格上げされても不思議でないほどに、ユーゴスラヴィアの人々の舌には馴染み深いからだ。

　クロアチアのポドラヴカ（Podravka）社が1959年から製造している顆粒状の調味料「ヴェゲタ」は、塩、様々な乾燥野菜片に、グルタミンなどの添加物を加えたもの。スープにはもちろん、肉料理、魚料理、そして米を使ったサラダ、ソースなど、なんにでも「ひ

今日のヴェゲタ商品。種類も増えてスーパーの棚の一角を占める。(鈴木撮影、ザグレブ、2014年)

当時も今も変わらぬ、小分け包装のヴェゲタ

瓶詰めのヴェゲタ(1970年前後)
(*Jugoslavija: od početka do kraja: 01/12/2012 - 17/03/2013*, 第2版, Beograd, 2013, 52)

とつまみ」入れるだけで、味が引き立つという優れもの。「ユーゴスラヴィアの主婦たちの右腕」と呼ばれ、各家庭に必ずと言っていいほど常備されていた。海外進出も目覚ましく、旧東欧圏を中心に世界中へ輸出された、ユーゴスラヴィア発の「ブランド商品」でもある。今も現地では、「化学調味料は大嫌い。でも、ヴェゲタだけは特別!」という人が多いくらいだ。味の違いというよりも、それだけ愛され続けている証拠だろう。(亀田真澄)

ゴレニェの主力製品である電気調理器。(*Review*, 1978年10月号, 2)

ゴレニェ——白物家電を広めたユーゴスラヴィアの松下電器

　かつての高度経済成長期の日本において、テレビ、冷蔵庫、洗濯機が「三種の神器」として崇拝されていたように、ユーゴスラヴィアでもいわゆる「白物家電」はより良い生活の象徴であった。ゴレニェ社（Gorenje）こそ、ユーゴスラヴィアの人びとに白物家電を提供し、その消費生活を牽引していた企業であった。いわば、ユーゴスラヴィアの「松下電器」である。

　ゴレニェの創設者は、イヴァン・アテウシェク（Ivan Atelšek）という、パルティザンにも参加していた青年であった。第二次世界大戦後の1953年、アテウシェクは、スロヴェニア中西部のゴレニェという小さな町で、ある金属加工会社の経営を引き継いだ。当初は果汁圧搾ワインなど農業機械の製造に従事していたが、1958年に固形燃料を用

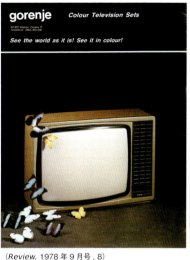
(Review, 1978年9月号, 8)

(Review, 1978年7-8月号, 2)

(Review, 1978年6月号, 2)　　　　　　（Review, 1977年11月号, 4)

ゴレニェ家電ラインナップ。とりわけ洗濯機は現在も各地で見かける。

いた調理機を生産し、家庭向け機器製造へと事業を拡大していく。本社を近在の都市ヴェレーニェ（Velenje）に移した1960年代には、冷蔵庫と洗濯機の生産・販売に乗り出し、

「新しい電気コンロだぞ！」「あら、ステキね！」さすがに無茶な運び方だ。
(*Naš dom: praktičnost, lepota i kultura stanovanja*, 1969年2月号, 表紙)

ユーゴスラヴィア全域に同社の製品が拡大しただけでなく、ドイツにも調理台を輸出するようになった。

　1960年代の成功は、次の10年におけるさらなる発展につながる。1970年代、ゴレニェはいくつかの企業を吸収合併し、従来の製品に加え、テレビやセラミック製品、情報通信機器、さらには医療機器を製造するまでになった。商品のラインナップが充実するとともに国外販売網も拡大した。1960年代に輸出先であったドイツに加え、オーストリア、デンマーク、イタリア、フランス、さらにはユーゴスラヴィア移民の多いオーストラリアでも、ゴレニェの製品を購入することができるようになった。

　しかしながらこの拡大路線も、国家の斜陽に足並みを合わせるように、1980年代には縮小していく。海外販売網は英国、アメリカにまで伸びたものの、商品のラインナップはゴレニェが最も得意とする家庭用電化製品に特化するようになった。

　ユーゴスラヴィアの人びとにとっては、ゴレニェの白い家電製品は現代的な消費生活の象徴的な存在であった。ユーゴスラヴィアが崩壊した現在においても、ゴレニェの製品は旧ユーゴスラヴィアの各地で見ることができる。(百瀬亮司)

一般家庭のキッチン。中央にゴレニェの電気調理器。(*Review*, 1978 年 12 月号, 47)

カラーテレビの製造過程。
(*Review*, 1977 年 3 月号, 23)

こちらは洗濯機製造ライン。
(出典：上に同じ)

ラデンスカ―王国時代から多民族的ユーゴスラヴィア性を売りにしたミネラルウォーター

　旧ユーゴスラヴィアでは、他の欧州諸国と同様にミネラルウォーターの消費が多い。なかでも炭酸入りのものが人気である。炭酸入りのミネラルウォーターは、ユーゴスラヴィア各民族のことばでは、キセラ・ヴォダ、すなわち「酸っぱい水」と呼ばれる。確かに酸性であるし、なるほどシュワーっと来る感じを「酸っぱい」と表現できなくもない。ほとんどは天然の炭酸水で、硬度が高くミネラルが豊富である。

　ラデンスカ（Radenska）は、スロヴェニア産のミネラルウォーターの名称である。ユーゴスラヴィア各地には、ミネラルウォーター企業があり、それぞれの産地の水を販売していた。クロアチアのヤムニツァ、セルビアのクニャズ・ミロシュ、ボスニアのサラエヴスキ・キセリャク、マケドニアのゴルスカなどが著名な銘柄である。旧ユーゴスラヴィア各地の出身者が集まると、お国の酒目慢と並んで「水自慢」になるのも常であった。それらのミネラルウォーターの中で、ラデンスカは、実は最も「ユーゴスラヴィア的」なミネラルウォーターであった。旧ユーゴスラヴィアの北の外れ、オーストリア国境近くのラデンツィ（Radenci）で取水されるこの水の歴史は古く、19世紀に遡る。戦間期の王国時代には、現在まで続く三つの赤いハートのシンボルマークが制定されたが、これも、当時のユーゴスラヴィアを構成したセルビア人、クロアチア人、スロヴェニア人を表象したものとの説がある。体制が変わってもミネラルウォーターの生産は続き、社会主義時代にも「ユーゴスラヴィア的」なミネラルウォーターの生産を続けた。1980年代に作られたラデンスカのテレビコマーシャルは、そのユーゴスラヴィア性を象徴している。当時の6共和国・2自治州それぞれの民族の衣装をまとった人々が順番に登場し、それぞれの言葉で「ラデンスカが

三つのハートがトレードマーク（*Review*, 1970年9月号, 2）

現在はモダンなペットボトルが主流(鈴木撮影、リュブリャナ、2014年)

われらを結びつける」と歌うのである。もはや、ラデンスカは単なる商品名ではなく、ユーゴスラヴィアとその統治理念「友愛と統一」と互換可能なものですらあった。

　水道への信頼性の低い旧ユーゴスラヴィア諸国では(といっても、水道水が飲料に適さないわけではない)、料理にもミネラルウォーターを使う人も多い。中には、炭酸入りをそのまま料理に使う人もいる。ただし硬水で石灰分が多いため、鍋がすぐ真っ白になる。

(山崎信一)

歴代のラデンスカ(*Tri srca na dlanu*, Radenci, 1982, 25)

寒い雪の日もなんのその。ミニスカートとブーツで川辺を行く。
(*Review*, 1969年3月号, 27)

★ファッション／雑貨

ファッション――「彼女、パリに知り合いでもいるのかしら？」

　ユーゴスラヴィア地域の女性たちは、今もむかしもファッションに敏感だ。ユーゴスラヴィアが戦後復興を遂げ、欧米との貿易・文化交流の道が開かれてくると、女性たちをくぎづけにしたのがパリを頂点とする欧米諸国の最新ファッションだった。反ファシズム女性戦線の機関紙『テイスト』でさえ、1950年代には新しいファッションを推奨しており、「夜は短いスカートで」などの記事が目立つ。ただし、高価な外国製品を身に着けることのできる人は、当然ながら数が限られていた。そうなれば、工夫の腕の見せどころ。ユーゴスラヴィアの女性たちの心をつかんだのは、まず安価でカラフルなナイロン製品を組み合わせて、少しでも安く仕上げるスタイルだった。現代の日本でもストッキングは紙製パッ

「夜は短いスカートで」という見出しで、女性のナイトライフのファッションを指南。『テイスト』誌（1959年）より（Ženska strana, 45）

←白いスカーフもパッケージ売り。写真提供：Ana Panić

バガト社ミシンの広告。コートの下に隠れているのはミシン。画像提供：Ana Panić

最新服飾展のポスター 1951 年。
(Između straha i oduševljenja, スライド 11)

ユーゴスラヴィア史博物館の企画展「女性からみた社会」(2010年)のカタログ(*Ženska strana*, 表紙)

網タイツのパッケージ。画像提供：Ana Panić

靴下やストッキングの大手企業「ポルゼラ(Polzela)」社の店舗とショーウィンドー(*Review*, 1968年5月号, 44)

クに入れて販売されているが、当時のユーゴスラヴィアでは下着、スカーフ、さらにちょっとしたドレスまで、紙製パックで売られていた。その手軽さが「新しいものをなるべく安くほしい！」という女性たちのいつの時代も変わらない気持ちにこたえていた。さらに節約するとなると、流行の洋服だって自分で作ってしまえばいい。「彼女、パリに知り合いでもいるのかしら？」と書かれたバガト社ミシンの広告には、以下のように宣伝されている。「外国製品に高いお金をかけなくっても、いつでも最新ファッションを身に着けることができます！」(亀田眞澄)

新旧のファッション（1966年）
(*Revija: jugoslovenski ilustrovani časopis*, 1966年10月号, 45)

1960年代後半のミニスカートの流行はユーゴスラヴィアにも到来。

撮影の合間の映画女優も揃ってミニスカート。（左右いずれも、同, 45）

マーガレット・アスターによるアイメイクキットの広告。
画像提供：Ana Panić

→ 1960年代、70年代に人気を博したポップス歌手（テレザ・ケソヴィヤ (Tereza Kesovija)）。
(*Review*, 1973年6月号, 30)

ライフスタイルも様々、服装も様々。
↓ (*Review*, 1973年11月号, 44)

A great variety of styles and fashions can be encountered on Yugoslav city streets

Photo by Dimitrije MANOLEV

郵 便 は が き

113-8790

料金受取人払

本郷局承認

8184

差出有効期間
2016年11月29日
まで

有効期間をすぎた場合は、52円切手を貼って下さい。

（受取人）

東京都文京区
本郷2−3−10

社会評論社 行

ご氏名			( ) 歳
ご住所		TEL.	

◇購入申込書◇　■お近くの書店にご注文下さるか、弊社に送付下さい。
本状が到着次第送本致します。

(書名)	¥	( ) 部
(書名)	¥	( ) 部
(書名)	¥	( ) 部

●今回の購入書籍名

●本著をどこで知りましたか
　□(　　　　　)書店　□(　　　　　)新聞　□(　　　　　)雑誌
　□インターネット　□口コミ　□その他(　　　　　　　　　　　　)

●この本の感想をお聞かせ下さい

上記のご意見を小社ホームページに掲載してよろしいですか?
□はい　□いいえ　□匿名なら可

●弊社で他に購入された書籍を教えて下さい

●最近読んでおもしろかった本は何ですか

●どんな出版を希望ですか(著者・テーマ)

●ご職業または学校名

FASHION
BY MIRA

当時のファッションを伝える雑誌記事。
(*Review*, 1973年11月号, 41)

百貨店の最新コレクションを背景に、子供もモデル気分。
(*Review*, 1972年7-8月号, 7)

色とりどりのスーツやワンピース。でも足元の黒いピンヒールがみな同じところには、共産圏的な画一性が見え隠れ。(*Revija*, 1966年3月号, 24)

リュブリャナにできたデパートの化粧品売り場
(*Review*, 1972年7-8月号, 8)

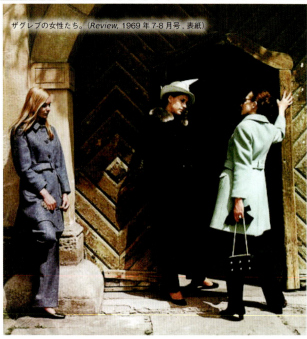
ザグレブの女性たち。(*Review*, 1969年7-8月号, 表紙)

コスメショップでリップを吟味。(*Review*, 1969年5月号, 27)

ベオグラード・ファッションセンターのモデル学校にて。モデル志望の女性たち。(*Review*, 1976年4月号, 42)

ボロヴォ——クロアチア紛争激戦地拠点の人気ローカット・スニーカー「スタルタス」

　80年代のニュース映像や映画を観ていると、カフェの給仕が必ずと言っていいほど似たようなスニーカーを履いている。これは、ユーゴ後期に爆発的人気を誇ったローカット・スニーカー「スタルタス（Startas）」だ。「スタルタスちゃん（Startasice）」という愛称で親しまれていた。ラバーソールにキャンバス地、しかも発売当初は白色のみというシンプルなスニーカー・シリーズである。動きやすさと見た目の統一感・清潔感が、カフェのウェイターやウェイトレスにはぴったりのスニーカーだったのだろう。このスニーカー・シリーズは1976年、クロアチア東部ヴコヴァル（Vukovar）の靴メーカー・ボロヴォ（Borovo）社によって卓球用シューズとして製造されたもの。ボロヴォは、そののち唯一の国産スニーカーブランドとして、短期間のうちにユーゴスラヴィア市場を独走。国内のゴム製シューズ生産の半分以上に達し、80年代には年間500万足を売り上げるほどであった。このころには生産の45パーセントが輸出用に生産されるなど、世界的なブランドになっている。カラー展開のヴァリエーションが増えると、ユーゴスラヴィアの若者たちは色違いで何足もの「スタルタス」を持っていたそう。

　しかし1991年に始まったユーゴスラヴィア解体過程で、ボロヴォ社が拠点を置くヴコヴァルは、クロアチア紛争における激戦区のひとつとなる。紛争の最前線という位置のため、ボロヴォ社の損失は製品のみにとどまらず、人的被害も甚大であった。ユーゴスラヴィアを代表するブランドは一転、生産ラインを確保できるような状況ではなくなり、スタルタスの生産は中断をやむなくされた

　その後1997年に、ボロヴォ社はクロアチアの企業として復興し、近年になって、復刻版スタルタス・シリーズを発売している。基本造形はそのままに、紐部分に巨大なリボンを取り付けたり、スニーカーのイラストを散りばめたメタ的なデザインにしたりと、

雨にぬれても大丈夫、ボロヴォ革靴。（ボロヴォ社の雑誌広告）

ボロヴォ社の工場。手作業で丁寧に作られる。(*Revija*, 1966 年 10 月号, 22)

定番の白いスタルタス・復刻版。
http://borovo.hr/index.php/hr/proizvodi/modna-obuca/startas/startas-basic-bijela-p-2014-detail

熟練の技を得るには時間がかかる。(同, 21)

ポップなラインナップを提供している。新しいスタルタスは、そのどこか独特なレトロ感が人気を呼び、少々値は張るものの、外国へも輸出しており、最近は日本でも輸入されている。(亀田真澄)

エラン——世界的スキーメーカーのルーツはパルティザンのスキー板工場

エラン（Elan）は国際的にはスキー板やスノーボードのメーカーとして知られているスロヴェニアの企業だが、実際にはスポーツ用品全般を扱っている。スロヴェニア北西部、人口 1,000 人ほどのベグーニェ（Begunje）に本社を構える。ユーゴスラヴィア時代から現在に至るまで、スロヴェニアのスキー文化を支えてきた。

エラン社は、1945 年 9 月、ルディ・フィンジュガル（Rudi Finžgar）によって設立された。フィンジュガルは自身もジャンプスキーの競技者であり、1941 年には当時のスロヴェニア記録を作り、スロヴェニア人として初めて 100 メートル越えを達成する腕前であった。第二次世界大戦が始まるとドイツ軍に強制徴用されるが、脱走してパルティザンに参加した。ここでフィンジュガルは行軍用のスキー板生産工場を立ち上げ、パルティザン部隊にスキー板を提供するようになる。パルティザンが使用していたスキー板には、のちにエラン・スキーのシンボルとなる星がすでに刻まれていた。戦争が終わると、フィンジュガルは兄のプリモシュとともにエラン社を設立した。社名のエラン（スロヴェニア語で、勇気、気力といった意味。元はフランス語 élan 由来）はフィンジュガルの友人である実業家ヨジェ・ガシュペルシッチ（Jože Gašperšič）の提案で付けられた。

エランはスキー板を中心に、1950 年代から 60 年代を通じ、ボートやカヤック、カヌーなどのウォータースポーツの道具、テニスやバドミントン、卓球のラケットなど、屋内外のスポーツ製品を制作していた。その名を一躍世界に知らしめたのは、アル

スキー板だけでなく、体操器具も主力製品の一つ。画像提供：Ana Panić

1982 年の世界選手権でエランを携えるステンマルク（7 番）。1 位じゃないのかって？細かいことは気にしない！（*Review*, 1982 年, 200 号, 34）

ペンスキー選手インゲマル・ステンマルク（Ingemar Stenmark）の大活躍であった。スウェーデン出身のステンマルクは、エランの板を履いて、1970年代後半から1980年代初めにかけて、オリンピック、ワールドカップで勝ちまくった。ステンマルクとエランとの出会いは彼のジュニア時代にさかのぼる。ジュニアで活躍していたステンマルクの才能に惚れ込んだエランのエンジニア、ユーリ・

ユーレ・フランコ（Jure Franko）もエランを履いて銀メダルを獲った。（NIN, 1984年2月26日号, 表紙）

ヴォゲウニツ（Juri Vogelnic）は、彼にスキー板の提供を申し出た。当時、エランは全くの無名であり、ステンマルクもまた駆け出しの若手であった。ヴォゲウニツはステンマルクのために特製の板を用意し、この申し出に感激したステンマルクは、以後、無名のメーカーであったエランのスキーを履き続け、ワールドカップ通算86勝を挙げる。この記録は今もなお破られていない。非アルペン国であるスウェーデン出身の若者が、共産圏のスキーを履いて、アルペン諸国の強豪に対し圧倒的な技術と速さを見せつける様は、さぞ痛快であったろう。

　一躍、脚光を浴びたエランのスキー板は多くのスキーヤーが使用するようになった。もちろん、スロヴェニアの誇るレジェンド、ボヤン・クリジャイ（Bojan Križaj）やマテヤ・スヴェート（Mateja Svet）もそこに含まれる。

　エランはまた、現在のカービングスキーに見られるような、回転用のスキーよりも深いサイドカーブを持つ大回転用のスキーを開発したり、芯材をグラスなどの弾性材でくるんだ板構造を開発したり、スキー業界にも多くの革新的な技術をもたらした。

　スキーからスノーボードにいたるウインタースポーツの分野で存在感を発揮したエラン社だが、1970年代からグライダーの製造にも力を入れており、現在はヨットの製造も行っている。国家の解体と独立という荒波を経ながらも、エラン社はその社名通り、「勇気と気力」で今も活動を続けている。（百瀬亮司）

現地の少年少女もスキー板はエラン。（Review, 1985年, 付録「Yugoslavia」, 23）

本物のコーヒー豆を使ったインスタントコーヒーは、ちょっと贅沢な味。フランク社の広告、1966年。(*Revija*, 1966年6月号, 46)

ザグレブのコーヒー「フランク」――代用コーヒーから本格コーヒーへ

　クロアチアのカフェでコーヒーを注文すれば、必ずと言っていいほど登場するのが、「フランク（Franck）」と書かれたコーヒーカップだ。フランクは、ドイツ移民ヨハン・ハインリッヒ・フランク・ゼーネ（Johann Heinrich Franck Söhne）によって、19世紀終わりのザグレブに設立されたコーヒー用品店で、ユーゴスラヴィアを代表するコーヒー豆メーカーとなった。ドイツでは18世紀から代用コーヒー（コーヒー豆以外の原料から作られるコーヒー味のドリンク）の開発が進んでいたが、東欧諸国ではコーヒー豆が高価なぜいたく品であった時代にもよく飲まれていた。フランクはこの代用コーヒーをユーゴスラヴィアでも安価に売り出し、ユーゴスラヴィアの人々にコーヒーを飲む習慣を植え付けてしまった。1960年になってようやく、本物のコーヒー豆の販売を開始したフランクは、特にスロヴェニアやクロアチアでエスプレッソベースのコーヒーを普及させた。エスプレッソに温かい牛乳を混ぜたカフェオレ「ホワイト・コーヒー（bijela kava/ bela kava）」にも向いている。（亀田真澄）

ホワイト・コーヒー用。
「挽きたてのような味を」。

こちらはインスタント・ココア。(下2つの画像を含め、*Revija*, 1965年3月号, 2)

インスタント・コーヒー「ドミノ」。代用コーヒーが多いなか、こちらは「100% ピュア」。

トルコ・コーヒー用のミナス・コーヒーのポスター (鈴木撮影、ザグレブ、2014年)

カフェインフリーの代用コーヒー「ネラ」。「移動中も仕事中も家でも」。

ルフ社のキャンディー缶。写真提供：Muzej detinjstva（Vladimir Perić, Milica Stojanov）

（左）ピオニール社の「ネグロ」、（中央）クラシュ社の「赤の7番」、（右）カンディッタ社の「青の9番」。写真提供：Muzej detinjstva（Vladimir Perić, Milica Stojanov）

キャンディー缶――ユーゴノスタルジーを思い起こさせるレトロドロップス

　キャンディーのつまった缶は、子供には特別な贅沢感をただよわせるもので、ユーゴノスタルジーの代表的な商品でもある。日本ではかつて、スタジオジブリのアニメ映画『火垂るの墓』（高畑勲監督）の公開時にサクマ式ドロップスの再ブームが訪れたが、このサクマ式ドロップスのユーゴスラヴィア版と言えるのが、第二次大戦中に発売されていたルフ社（Ruff）の「ボンボン・ルフ（Bonbons Ruff）」だろう。このルフ社は、1917年、セルビア・ヴォイヴォディナのスボティツァに設立されたのち、1947年に国有化されてピオニール社（Pionir）へと名称変更する。ピオニール社になると、メントール配合のすっきり系キャンディーが大ヒット。特に煙突掃除人がのどに見立てた煙突を掃除している様子が描かれたキャンディー缶の「ネグロ（Negro）」という黒いのど飴が有名だ。（亀田真澄）

ペンカラ社の高級万年筆「レックスペン」。(スコピエ市博物館の企画展示、鈴木撮影、2013年)

ペンカラの高級万年筆──個体インク式やシャープペンまで発明した事で知られる

紳士の横顔と、そのあまりにも大きな耳にかけられた万年筆。これはザグレブの高級万年筆メーカー・ペンカラ社のトレードマークだ。ペンカラとは、クロアチアの発明家、スラヴォリュブ・エドゥアルド・ペンカラ（Slavoljub Eduard Penkala）によって設立された会社である。ペンカラはハプスブルク領スロヴァキアで、ポーランド系の父とドイツ系の母のあいだに生まれ、のちに妻とともに同様にハプスブルク領内だったザグレブに移住。その際、エドゥアルドというドイツ語の名前を、クロアチア語のスラヴォリュブに変えた。ペンカラ氏は「ペン」の発明で知られている人物で（ただし、名字が「ペン」から始まるのはまったくの偶然）、1906年に自動ノック式のシャープペンシルを発明したのち、1907年には世界初の固体インクの万年筆を発明した人物だ。他にも、複座式の飛行機、フォノグラフ、殺虫剤、電池などを改良したり、歯磨きが嫌いな娘のために回転式歯ブラシを発明したりと、オールマイティーな発明家だった。

現在も、ザグレブの文房具メーカー・トーズ社（ザグレブ鉛筆工場（Tvornica olovaka Zagreb、略称TOZ）と合併したトーズペンカラ社として存続しており、学校用の文房具から、レックスペンなどの高級万年筆シリーズまでをカヴァーしている。（亀田真澄）

ペンカラ社のロゴ。

絵本——冷戦期の外交政策を象徴したブランコ・チョピッチ『ハリネズミのおうち』

　ボスニア出身の作家ブランコ・チョピッチ（Branko Ćopić 1915-1984）による『ハリネズミのおうち』（1957年）は、ユーゴスラヴィアに育った人ならだれもが知っている絵本である。この作品は全編が長編詩の形式になっていて、軽やかなメロディーがつけられている。現在、この絵本はCD付きで売られているので、そのメロディを簡単に聞くことができる。

　ある日、誇り高いハリネズミ紳士イェジュルカ・イェジッチ（「イェジュ（Jež）」はハリネズミの意味）は、ウサギの郵便配達員から手紙を受け取る。それはイェジュルカに恋するキツネのミッツァからの、ディナーへの招待状であった。イェジュルカが花束を携えてミッツァ宅を訪ねると、豪華な部屋に手の込んだごちそう。2人きりのディナーを楽しんでいるうちに夜も更け、ミッツァは家に泊まっていくようにイェジュルカに提案する。しかし何度勧められても、イェジュルカは首を縦に振らない。ついには「自分のうちが一番なのさ」と言い残して去ってしまう。悲しくなったミッツァは、「そこまでして帰ろうとするなんて、どんな立派な家かしら！」と、イェジュルカの後を追ってこっそりと森へ入っていく。

　ミッツァは途中で、オオカミ、クマ、イノシシに会う。イェジュルカの家に興味津々な彼らも、ミッツァと連れ立ってイェジュルカのあとを追いかけていく。しかしその先でイェジュルカが入っていったのは、なんと小さな薄暗いほら穴だった。家についたイェジュルカは、誇らしげに一言。「私のちいさな家、私の自由！」イェジュルカの家を見て、オオカミ、クマ、イノシシは大声で笑い始める。「ハリネズミの馬鹿野郎！」「売っぱらったって、ちょっといいランチならお釣りが来そうな家だ！」しかしその後、自分の家を持たずにその日暮らしをするオオカミは崖から落ち、クマは蜂に刺され、イノシシは人間の狩りにあって、みなあっけなく死んでしまう。ここで言わんとされる教訓は明らかであろう。冷戦期に東西陣営のどちらにも属さず、他国からの支配を受けないためには、貧しくても自分自身の国に誇りを持ち、大切にしなければならない。オオカミ、クマ、イノシシたちが死んでしまったのは、目先の利益にとらわれて、自分の家を持たなかったからだ。

Branko Ćopić (Illust. Vinko Selan Gliha), *Ježeva kućica*, Zagreb, Naša djeca, 1980.

　しかし物語の「外側」を見てみると、死んでしまったのはハリネズミのほうであったとも言える。各地で民族主義が台頭し、「友愛と統一」というユーゴスラ

ヴィアの理想が崩壊していく最中、1984 年、チョピッチは政治的批判にさらされたのち、自殺を遂げた。しかもそれが、ベオグラードと新ベオグラードを結ぶ「友愛と統一の橋」からの入水自殺であったことは、皮肉としか言いようがない。(亀田真澄)

ハリネズミのイェジュルカは、森のなかを散歩する。

ウサギの配達員から手紙を受け取るイェジュルカ。

キツネのミッツァ宅に招待されたイェジュルカ。

イェジュルカを追いかけるミッツァ、オオカミ、クマ、イノシシ。野性味あふれるオオカミが履いているのは、なんとも恰好のいい、先のとがった赤いブーツである。

イェジュルカの帰宅。

部屋の中には、質素な日用品と枯葉のベッド、そしてイェジュルカの誇らしげな肖像画。

コクタ——コカ・コーラが進出しても根強い人気を保つ程の独特なフレーバー

コーラ飲料は世界中に存在しているが、共産圏では特に、資本主義の富を象徴するコカ・コーラを輸入しなくて済むよう、数多くの類似品が生産されていた。ユーゴではスロヴェニアのコーラ飲料「コクタ（Cockta）」が有名だ。ローズヒップのシロップに様々なハーブ、レモン果汁やオレンジ果汁が配合されており、他のコーラ飲料に比べると酸味が強く、フルーティな味わいだ。

1953年、スロヴェニアのプラニツァ（Planica）で国際スキージャンプ競技大会が開催された際に、コクタ発売記念のプロモーションが催されて以降、若者世代を中心として、ユーゴ各地の人々にもっとも愛される炭酸飲料となった。

しかし1984年、オリンピックとともにコカ・コーラがユーゴスラヴィアにやってくる。ボスニア出身の作家ミリェンコ・イェルゴヴィチ（Miljenko Jergović）はエッセイ集『歴史教本』（2006年）の中で、以下のように回想している。

「コカ・コーラの自販機が私たちの歴史に現れたのは、1984年2月の初めごろだった。サラエヴォ・ラジオテレビ局の建物に4、5機あって、10ディナール硬貨で買うことができた。硬貨を投げ入れ、ボタンを押すと、音が鳴って赤い缶が飛んでくる。これがボスニア・ヘルツェゴヴィナで買うことのできた、初めてのコカ・コーラ缶だった。

そのころ、多くの外国人に混じって、ラジオテレビ局に入ることのできた数少ない地元の人間は、特別なエクスタシーを感じながら、自分が世界の一部になったと信じた。それはパリやロンドンの絵葉書、カリフォルニアの海岸のワンシーン、ニール・アームストロングの足跡のついた月の表面

piće naše i vaše mladosti

コクタの雑誌広告。「私たちも君たちも、青春の飲み物はコクタ」（*Start*, 1986年7月26日号, 3）

当時のコクタの広告。(左右いずれも、展示会「Živeo život」、2014 年、鈴木撮影)

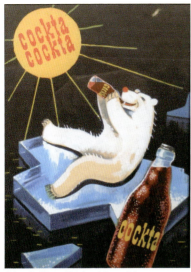

北極の氷が解けて暑くなったら、コクタ！

が、自分たちから遠いものではなくなったときだった。」(M. Jergović, *Historijska čitanka 1*, Zagreb, 2006, 75-76 頁)

しかし独特の風味を持つコクタ人気は、コカ・コーラの前に消滅するようなものではなかった。コクタは現在も、スロヴェニアやクロアチアを中心として、ユーゴ解体後の若い世代にも引き続き愛されている。近年は健康志向と相まって、カフェインフリー、リン酸フリー、そしてビタミンも豊富な「ヘルシードリンクとしてのコクタ」というキャッチフレーズでさかんに宣伝されている。(亀田真澄)

現在もコカ・コーラに劣らぬ人気。(鈴木撮影、ザグレブ、2014 年)

その名も「ユーゴスラヴィア」と名付けられたタバコ

ヴラーニェ・タバコの広告 (*Revija*, 1966 年 1 月号, 34)

タバコ——川、湖、山からズバリ「ユーゴスラヴィア」まで

　旧ユーゴスラヴィアを含むバルカン地域は、タバコの産地としてもよく知られている。それを反映してか、旧ユーゴスラヴィアにおける喫煙人口は伝統的に高い。タバコは、この地域に暮らす人々の日常の一部なのである。

　社会主義時代のユーゴスラヴィアには、おおむね各共和国に、タバコ生産を行う企業が存在していた。生産されるタバコの銘柄はさまざまであり、西側銘柄のものがライセンスを受けて生産されていたりもした。社会主義時代の主な国産タバコには、河川や湖の名

若い女性もモクモク
(*Review*, 1978 年 9 月号 , 31)

「ドリナ」の広告(*NIN*, 1987 年 7 月 19 日号 , 裏表紙)

前をはじめとする地理名称の付いたものが多い。例えば、「ブレッド（Bled）」（湖の名前、リュブリャナ・タバコ）、「ドラヴァ（Drava）」（河川名、ザグレブ・タバコ）、「オパティヤ（Opatija）」（保養地名、ザグレブ・タバコ）、「ドリナ」（河川名、サラエヴォ・タバコ、ニシュ・タバコ）、「ロヴチェン（Lovćen）」（山岳名、ティトーグラード・タバコ）、「モラヴァ（Morava）」（河川名、ニシュ・タバコ）といった具合である。また、タバコ産業の本場、マケドニアのプリレプ（Prilep）・タバコは、その名も「ユーゴスラヴィア」という銘柄を発売していた。この他に、海賊版タバコの生産も行われていたようで、「L が二つあるマー

タバコの葉の乾燥風景（*Review*, 1972 年 7-8 月号, 43）

ルボロが作られていた」などとの冗談も語られていた。

　社会主義体制の崩壊は、タバコ市場の解体ももたらした。他の日用品と同様、今まで何の不自由もなく入手できた「国産品」が、一夜にして市場から姿を消したのである。他の共和国産のタバコを愛煙していた人々は、さぞ辛かっただろう。また、紛争中、包囲下のサラエヴォでは、巻紙の不足から、新聞紙で巻いたタバコが生産されていたという。タバコの値段も、極端に高騰したが、それでも、人々は日常の一部としてのタバコを手放すことはできなかった。

　現在、それぞれの国が、EU 加盟を目指す中で、EU の基準に適合した屋内公共スペースの禁煙政策が徐々に実施されている。カフェと言えば、モワーっとした煙の中でコーヒーをすすり、おしゃべりに興じるというのが定番だったのだが、そんな様子も様変わりした。国は変われど、喫煙者にはますます肩身の狭い世の中になった。（山崎信一）

マッチがなくても、(*Review,* 1975 年 11月号, 24)

火さえあれば。(*Revija,* 1966 年 12月号, 38)

警告文も各国それぞれ。現在の旧ユーゴ各国のタバコの警告文

外国タバコも売られていた (*Review,* 1972 年 7-8月号, 42)

★大衆文化

パルティザン映画——ティトー自ら制作に関与、次第にマンネリ化、現在新作ゼロ

『シネマ・コミュニスト（Cinema Komunisto）』（ミラ・トゥライリッチ監督、セルビア、2010年）は、ティトー専属の映写師へのインタビューをもとに、ユーゴスラヴィアにおける映画産業の裏側を描きだしたドキュメンタリー映画だ。映画ファンであったティトーはほぼ毎日、国内外の映画作品を観ており、ティトーの映写師はティトーが亡くなるまでの32年間に、8,801本の映画を収集・映写したという。ユーゴスラヴィアでの映画制作の際には、ティトーがシナリオを直接チェックすることも多く、セリフや演出の修正を要求することもあったという。ティトーによって奨励されたのは、戦争映画のなかでも、第二次大戦中のファシズムとの戦いを描く「パルティザン映画」だ。ティトーの鶴の一声で、膨大な国家予算や軍隊の設備を自在に使うことができたので、他の国では考えられないレベルの派手な演出が可能であったところが、ユーゴ・パルティザン映画の一番の特徴だ。国家予算をあげての一大プロパガンダであり、またその娯楽的側面の強さのために国民たちを熱狂させた。

戦後のユーゴスラヴィアではまず、ソ連のモスフィルムが映画制作のリーダーシップを取っていたものの、1946年のアヴァラ・フィルム社（ベオグラード）設立、1947年にベオグラード郊外の映画村建設を通して、独自の映画産業が確立されていった。そしてパルティザン女性兵士についての映画『スラヴィツァ（Slavica）』（1947年）を皮切りに、1950年代から1970年代にかけて、ユーゴスラヴィアでは膨大な数のパルティザン映画が製作されることとなる。

ピカソによる『ネレトヴァ川の戦い』ポスター。下部には各国語で「ネレトヴァ川の戦い」と記されており、中央には日本語も見える。

同じ時代と同じテーマばかりが繰り返されるうちに、作品の内容自体は当然マンネリ化してくるものの、ハリウッドの西部劇に習ったわかりやすい二項対立で、高い人気を保ち続けた。

　パルティザン映画の代表作としては、『ネレトヴァ川の戦い（Bitka na Neretvi）』（ヴェリコ・ブライッチ監督、1969年、邦題は『ネレトバの戦い』）を挙げることができる。第二次大戦中にボスニア・ヘルツェゴヴィナで起こった戦闘をモチーフとする『ネレトヴァ川の戦い』では、家屋、村、膨大な数の戦車が盛大に破壊され、そしてネレトヴァ川にかかる橋を爆破するなど、莫大な予算でスペクタクル的演出が行われた。これはブライッチ監督がティトーから直接取り付けた予算であったと言われている。『ネレトヴァ川の戦い』の英語版ポスターには、パブロ・ピカソによるものがある。ピカソはポスター制作を無料で請け負う代わりに、ブライッチ監督に「ユーゴスラヴィアの最も優れたワイン1ケース」を要求したと伝えられている。

　『ネレトヴァ川の戦い』がアカデミー外国語映画賞にノミネートされるなど、ユーゴスラヴィアのパルティザン映画が国際的な成功を収めはじめたころ、これまでは名前が言及されるのみだったティトーが、スクリーン上に登場し始める。映画のなかに初めてティトーが現れたのは、ボスニア南東部のスーチェスカ川で行われた戦闘を基にした映画『スーチェスカ（Sutjeska）』（スティペ・デリッチ監督、1972年）。ここではイギリスの俳優リチャード・バートンがティトー役をつとめた。

　国家の強力なバックアップで成り立っていたパルティザン映画は、1980年代には制作されなくなっていった。現在でも愛好者は多いものの、新しい作品が現れることはない。多くのパルティザン映画を輩出し、ユーゴスラヴィアの映画産業を牽引していたアヴァラ・フィルムは、現在破産申告中であり、そのスタジオには電気も通っていないという。

（亀田真澄）

『スラヴィツァ』のポスター（1947年）。パルティザン女性兵士スラヴィツァはイタリア兵に捕まってしまうが、味方の軍隊に助けられ、作戦で重要な役割を果たすことに。（*Moderna srpska država 1804-2004*, 283）

映画『コザラ』のポスター。コザラの戦いでは、村民たちを無事に戦火から避難させたところがパルティザンの功績のひとつ。そのシーンが使われている。（*Između straha i oduševljenja*, スライド98）

『トップ・リスタ・ナドレアリスタ』――サラエヴォのニュー・プリミティヴの批判精神

1980年代のサラエヴォは、社会主義ユーゴスラヴィアのサブカルチャーの中心地のひとつであり、全ユーゴスラヴィア的な影響力を持っていた。『トップ・リスタ・ナドレアリスタ（Top lista nadrealista）（シュールレアリストのトップリスト）』は、1981年にまずラジオではじまり、1984年にテレビでも放送されるようになったコメディ番組のタイトルである。番組は、数分のスケッチ（コント）から構成されており、サラエヴォ独特の笑いと社会風刺が込められていた。はじめはサラエヴォのローカルな人気番組であったが、人気が高まるにつれユーゴスラヴィアの各地でも放映されるようになり、1980年代末から1990年代初頭には、大変な人気番組に成長した。

番組の担い手となったのは、ドクトル・ネレ・カライリッチ（Dr. Nele Karajlić）をはじめとするサラエヴォで音楽活動をはじめていたバンド「ザブラニェノ・プーシェニェ（Zabranjeno pušenje、「禁煙」の意）」のメンバーや、バンド「ボンバイ・シュタンパ」を率いていたブランコ・ジューリッチ・ジューロ（Branko Đurić Đuro）らであり、映画監督のエミール・クストゥリツァもたびたびゲスト出演した。彼らは、気取った世の中への反発からかニュー・プリミティヴを自称した。パルティザンのスローガン「他人のものはいらない、自分のものは渡さない（Tuđe nećemo, svoje ne damo!）」をもじって、「他人のものが欲しい、自分のものはない（Tuđe hoćemo, svoje nemamo!）」と唱えたり、彼らの活動は全てを笑い飛ばすボスニアの人々のたくましさを体現するものでもあった。後期の番組のコントでは、「ユーゴスラヴィアとサラエヴォの東西分断とサラエヴォの壁」や、「セルビア語、クロアチア語、ボスニア語、ヘルツェゴヴィナ語、モンテ語、ネグロ語の相互不理解」といった、笑いの中に内戦後の世界を予言するようなものも創り出した。ただ、彼らのコメディに一貫して流れていたのは、ナショナリズムと腐敗する官僚機構の双方への批判的な視線と、ユーゴスラヴィアの体現する価値、言い換えればパルティザンの原点への信頼感であった。1990年の自由選挙に際しても、ナショナリズムに反対し、共産党改革派を支持した。しかし内戦への危機の高まりは、コメディの範囲を既に超え、笑いで抵抗できるものではもはやなかった。内戦の勃発後、ある者は戦火を避けベオグラードやリュブリャナに去り、ある者はサラエヴォにとどまり続け、ニュー・プリミティヴたちは分裂した。サラエヴォに残った者たちは、戦時下にも『トップ・リスタ・ナドレアリスタ』の放送を続けたが、残念ながらそれはかつてのような心からの笑いを生み出すものにはなりえなかった。（山崎信一）

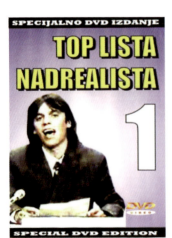

『トップ・リスタ・ナドレアリスタ』のDVD

テレビドラマ——パルティザン青春ドラマからシリアスな社会派作品まで

　ユーゴスラヴィアにおいては、共和国ごとに放送局が設立され、テレビ放送は共和国ごとに行われていた。当初のテレビ放送は、宣伝色の強いもので番組も報道番組が中心だったが、その後放送時間も拡大し、1970 年代以降、情報番組に加えて娯楽番組の需要が高まっていった。徐々にテレビが各家庭に行き渡り、テレビが生活の中心のひとつになった時代であった。そしてこの時期、各共和国の放送局で、盛んにテレビドラマが制作されるようになった。ドラマは、共和国の枠を超えて放送され、民族の枠を超えて大きな人気を博した。音楽などと同様、テレビドラマは民族の枠を超えて広がる「ユーゴスラヴィア文化」を体現する大衆文化の一分野であった。

　1970 年代と 1980 年代のテレビドラマは、実に様々な題材を取り扱っていた。第二次世界大戦を舞台とする「パルティザンもの」のテレビドラマも作られたが、イデオロギー的なものというよりは、パルティザン戦争を舞台にした人間ドラマの趣だった。またベオグラード・テレビ制作の『リスト抹消者』は、第二次世界大戦期のドイツ軍占領下における抵抗のための地下活動を題材にしていたが、物語の焦点はどちらかというと主人公たちの青春群像にあった。このドラマは大きな人気を集め、その後『リスト抹消者の帰還』という続編も作られた。この他に人気だったのは、ある地域に暮らす人々や家族を題材にした、コメディータッチのドラマであり、ダルマチアの小さな集落を舞台に人間模様を描いた、ザグレブ・テレビ制作の『我らが小さき場所』や『大きな場所』、ベオグラード・テレビ制作の『より良き生活』などがファミリードラマの代表作である。この他には、孤児院を舞台にした社会派ドラマ『灰色の家』なども制作された。コメディータッチの作品が中心ではあったが、作品の幅は広かった。そして、人気のテレビドラマは、映画化されるのが常であり、映画館の大スクリーンで新たな感動を呼ぶことが期待された。

　ユーゴスラヴィアの解体と紛争の時期、ドラマ制作は一時的に停滞する。戦争とそれによる経済困難の中、ドラマ制作にはなかなか資金が回らなくもなった。しかし、困難な時期でも、いや困難な時期だからこそ、人々はテレビドラマを求めもした。古い作品の再放送に加えて、この時期には、スペイン、南米などで作られたいわゆるソープオペラが広く視聴された。しかし紛争の終結後、また新たなテレビドラマが作られるようになってきている。現在ではドラマ制作は継承諸国の一国にとどまらず、旧ユーゴスラヴィア地域全体をターゲットとしており、旧ユーゴスラヴィアの時代と同じように、国の壁を越えて放送されている。言葉の壁も、そしてゆえに笑いの壁もない以上、ある意味で当然の帰結だろう。（山崎信一）

『灰色の家』

戦争すらも笑い飛ばすコメディの伝統
──ユーゴスラヴィアの娯楽映画

　映画大国ユーゴスラヴィアでは、ブラック・ウェーヴに代表される芸術映画やパルティザン映画の他にも、とりわけ1970年代以降、さまざまな娯楽映画が製作された。そういったユーゴスラヴィアの娯楽映画の真髄は、疑いなくコメディにあったと言えるだろう。コメディ作品としては、戦間期のザグレブを描く『歌う者は悪事を考えない（Tko pjeva zlo ne misli?）』（1970年）、第二次世界大戦直前のベオグラードに向かうバスが舞台の『歌っているのはだれ？（Ko to tamo peva）』（1980年）、そして5世代からなる葬儀屋一族を舞台にした『マラソン走者が記念周回を走る（Maratonci trče počasni krug）』（1982年）などが代表的である。また、後に世界的な名声を得るエミール・クストゥリツァ（Emir Kusturica）は、『ドリー・ベルを覚えている？（Sjećaš li se Dolly Bell?）』を1981年に制作している。

　この時代に制作された娯楽映画の中には、日本で公開されたものもある。『歌っているのはだれ？』の他、『3人でスプリッツァ』（1983年制作。原題は『どっちつかず（Nešto između）』。東にも西にも属さないユーゴスラヴィアをうまく象徴したタイトル）、『ヘイ・バブリバ』（1985年制作。原題は『水上の舞踏会（Bal na vodi）』）などがそうである。クストゥリツァの長編2作目『パパは出張中！（Otac na službenom putu）』は、1985年にカンヌ映画祭の最高賞（パルム・ドール）を受賞し、

『美しい村々が美しく燃える』

『歌う者は悪事を考えない』

一躍世界的に知られるようになった。その次の作品『ジプシーのとき』(1988年制作。原題は『首つりの家（Dom za vešanje)』)は、ロマ語をふんだんに用いながらロマの暮らしを描き話題になった。いずれも日本で公開されている。

1990年代のユーゴスラヴィア紛争を経験してもなお、この地域の映画制作の伝統は失われなかった。そして、コメディの要素を盛り込みながら、戦争の悲惨さを描こうとする作品も制作された。1996年にセルビアで制作されたスルジャン・ドラゴイェヴィチ（Srđan Dragojević）監督の『美しい村々が美しく燃える（Lepa sela lepo gore）』（日本では『ボスニア』という邦題で公開された）や、2001年にボスニアでつくられたダニス・タノヴィチ（Danis Tanović）監督の『ノー・マンズ・ランド』（アカデミー賞外国語映画賞を受賞）は、笑いを伴いながらもいずれも戦争の悲惨さを強く訴えかけ、観る者の心を打つ作品である。また、1995年のクストゥリツァ監督の『アンダーグラウンド』は、監督二作品目のカンヌ国際映画祭最高賞受賞作となり、日本でも大きな話題になった。（山崎信一）

『パパは出張中』日本公開時のパンフレット

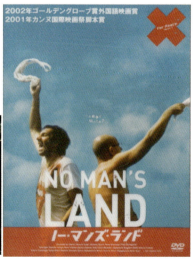

エミール・クストゥリツァ（撮影：吉田正則、2008年）　『ノー・マンズ・ランド』

各レコードレーベルのロゴ

音楽産業——複数レーベルが全国市場で競争、アーティスト出身地を越えてリリース

　社会主義ユーゴスラヴィアの存在した20世紀の後半という時代は、音楽産業が世界的に大きく発展した時期であった。1950年代以降、ロック音楽が世界に伝播して大流行し、また技術的にも、LPレコードの発明によって、複数の曲をまとめた「アルバム」という形での音楽作品流通が可能となった。音楽流通の発展は、ブロックの東西を問わなかったが、ソ連やその影響下にあった東側の国には、国営の巨大レーベル（たとえばソ連ならメロディヤ、ハンガリーならフンガロトン）が存在し、レコード販売をほぼ独占していた。しかし社会主義国ながら市場経済に基づく自主管理社会主義を採用したユーゴスラヴィアでは、複数のレコードレーベルが市場において競争する状態にあり、この点では、そのあり方は西側諸国に近い。

　社会主義ユーゴスラヴィアのレコードレーベルのうち、ザグレブに拠点のあったユーゴトン（Jugoton）とベオグラードのベオグラード放送局音楽レコード制作部（PGP RTB）が二大レーベルであり、この他に、ディスコトン（Diskoton）（サラエヴォ）、リュブリャナ放送局カセット・レコード出版部（ZKP RTL）（リュブリャナ）、ユーゴディスク（Jugodisk）（ベオグラード）、スージー（Suzy）（ザグレブ）、ディスコス（Diskos）（アレクサンドロヴァツ）などのレーベルが存在していた。これらのレーベルは、基本的にアーティストの出身共和国や民族籍とは無関係にアーティストと契約し、音楽作品を世に送り出していた。また、条件面の問題などから、レコード会社を移籍することも稀ではなかった。さらにこれらのレーベルの中には、外国のレコード会社からライセンスを受け、国外アーティストのレコードのユーゴ国内盤を生産するものもあった。

　社会主義ユーゴスラヴィアでは、音楽出版に際しての検閲は公式には存在しなかった。しかし体制に批判的な作品は、レコード会社内の自主規制、販売に際しての課税免除措

置を認めない、放送禁止などの形で、流通が制限されていた。人気歌手だったヴィツェ・ヴコヴ（Vice Vukov）が、「クロアチアの春」への関与を問題にされ、1990年代の体制転換の過程でカムバックするまで、音楽活動を大きく制限されたような例も見られた。1980年代には、人気バンドだったザブラニェノ・プーシェニェが、コンサートにおいて、マーシャル社（Marshall）（セルビア・クロアチア語読みだと「マルシャル」）製のアンプが故障した際に、「マルシャルがいかれちまった」と発言したのを、ティトー

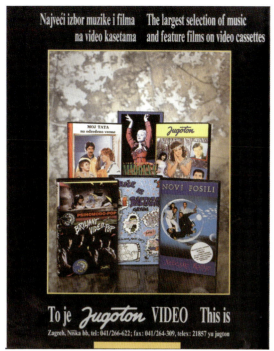

ユーゴトンの広告（*JAT Review*, 50（1990）, 26）

批判であると新聞紙上で批判されたこともあった。「マルシャル」は、元帥を指す言葉でもあり、この国で元帥と言えば、唯一無二、ティトーのことである。

　1980年代になると、社会有（国有）企業だったメジャーレーベルの枠外に、ごく小規模のインディーレーベルが形成され始め、主としてロックをカセットテープの形で発売し始める。これらインディーズの中で最も重要なのは、ザグレブで銀行員が「趣味的に」始めた「最も大きな音を聴け」という名のレーベルであり、その後メジャーになる多くのロックバンドを発掘した。

　連邦解体とユーゴスラヴィア紛争は、ユーゴスラヴィアの音楽産業を危機的な状況に追いやった。経済困難により人々の購買力は劇的に低下し、国家解体により音楽市場も著しく狭まった。サラエヴォのレーベル、ディスコトンは、戦火で原盤の多くを失っている。しかし2000年代以降、再び、旧ユーゴスラヴィアの領域全体を市場として音楽作品が販売されるようになると、ユーゴノスタルジーの波に乗り、かつての作品のCD化やネット配信が始まった。洋の東西を問わず、音楽産業の先行きは必ずしもバラ色ではないが、旧ユーゴスラヴィア各地でもそれぞれに生き残りを図っている。（山崎信一）

ロックの源は若者のエネルギー（*Review*, 1978 年 4 月号, 7）

ロック音楽──イギリス人のフリして英語で歌い始め、抵抗の象徴よりは体制親和的

　ユーゴスラヴィアにおけるロック音楽は、ソ連圏の社会主義国におけるのとは、かなり異なった発展の途をたどった。第二次大戦後、アメリカで生まれたロック音楽は、まずイギリスはじめ西欧に伝播し、そして細々ながら社会主義体制下の東欧諸国にも伝わった。そもそもロック音楽は、若者たちの体制への「異議申し立て」の側面を色濃く持って生まれたものであり、ソ連圏の東欧諸国においては、ロック音楽は体制にとって危険なものと見なされた。あるロック・グループは、抑圧下に完全に地下活動を余儀なくされ、別のグループは、体制公認で活動する代償に、当局の介入を受け入れた。多くの東欧諸国では、このような体制ロックと地下ロックの二分化が見られたが、ソ連とは袂を分かっていたユーゴスラヴィアでは、ロック音楽はかなり自由に受容されていた。この点、社会主義国ではあったが、むしろ西欧や日本などのような西側諸国の状況とかなりの共通点が見られたと言えるだろう。

　ロック伝来の初期、ユーゴスラヴィアの若者たちも、ご多聞に漏れず、このモダンなリズムに夢中になった。都市部で開催されるダンスパーティで奏でられるのも、ロックの生演奏が主流となった。この時期に重視されたのは、いかに西側の音楽を模倣するかであり、英語で曲を歌うのが流行であった。この時代に活躍したカルロ・メティコシュ（Karlo

初期の人気グループ「インデクシ (Indexi)」http://upload.wikimedia.org/wikipedia/bs/b/b5/Indexi_1971.jpg
(PD)

モンテネグロ・ファイヴ(Montenegro Five)(*Moderna srpska država 1804-2004*, 384)

1970年代のバンド「ゼブラ（Zebra）」。ファッションが時代を物語る。(*Review*, 1978年4月号, 7)

1960年代に活躍した「シルエット（Siluete）」(*Moderna srpska država 1804-2004*, 318)

Metikoš）は、「マット・コリンズ（Matt Collins）」なる芸名を用いて、あたかもイギリス人であるかのように歌った。西側ロックの名曲が自国語でカバーされることも多かった。
　その後、ビートルズの世界的流行に刺激される形で、ユーゴスラヴィアでもバンド編成のロック・グループが数多く生まれ、オリジナル曲も多数作られるようになる。ユーゴスラヴィアにおいては、ロックは、抵抗の象徴というより、体制に親和的な色彩が強い。ティトーやパルティザンの英雄を讃える曲も多数作られている。一方で、1970年代後半以降、

ロック本来の抵抗性を前面に出すグループも生まれてくる。他の社会主義国に比べればはるかに大きな自由を享受することができたユーゴスラヴィアであったが、あまりに逸脱が過ぎれば、それは抑圧の対象となった。多くのグループは、体制との衝突をのらりくらりとかわしながら、自由な曲作りを行っていた。

1970年代半ば以降、パンクをはじめとするニューウェーヴの伝来を契機として、ビエロ・ドゥグメに代表される、実にさまざまなサブジャンルのさまざまなグループがユーゴスラヴィアの地に開花する。このユーゴスラヴィア・ロックの黄金時代は、消費生活の拡大の中、商業的にも大きな成功を収めた時代であった。次から次へとさまざまな音楽性を持ったグループが出てきては消えてゆく様は、西側世界の同時代の状況と何ら変わるところはない。

1990年代の連邦解体と紛争勃発により、ロック音楽も大きな影響を被った。社会の不安定化と経済困難は、ロックの商業的基盤をも掘り崩し、また多くのミュージシャンがナショナリズムの影響下に活動を行うようになった。一見、ユーゴスラヴィア・ロックは終わりを告げ、民族主義的ロックに取って代わられたかのようであった。しかし、紛争終結後、ロックは再び諸民族に共有されるようになる。多少のわだかまりは抱えながらも、「作品そのものだけが価値を持つ」というロック本来のあり方が再び現れたのである。
(山崎信一)

1970年代。スタイルにも西側の影響が色濃い。(*Review*, 1972年3-4月号, 30)

ディスコに集う若者たち (*Review*, 1982年, 202号, 28)

「ビエロ・ドゥグメ」―多民族都市サラエヴォ出身のユーゴスラヴィアの「ビートルズ」

「白いボタン」を意味する「ビエロ・ドゥグメ（Bijelo dugme）」の名を知らない（旧）ユーゴスラヴィアの人間はいまい。そして、この奇妙な名を持つロックバンドが、社会主義国ながら活発なロックシーンの存在したこの国のもっともよく知られかつ影響力のあるバンドであったことにも異論はないだろう。「ユーゴスラヴィアのビートルズ」とも呼ばれた彼らは、ユーゴスラヴィアの中だけ取ってみれば、（時代は違うが）本家ビートルズ以上の人気を博した。

「ビエロ・ドゥグメ」は、1974年にボスニアのサラエヴォで結成された。ただでさえ民族構成の複雑なユーゴスラヴィアの中でも、最も民族構成の複雑なボスニア出身の「ビエロ・ドゥグメ」は、バンドそのものも多民族ユーゴスラヴィアの縮図であった。中心メンバーのゴラン・ブレゴヴィチ（Goran Bregović）は、クロアチア人の父親とセルビア人の母親の間に生まれ、多民族・多文化都市サラエヴォで自らの音楽性とギターのテクニックを磨いた。また、バンドの初代ボーカルのジェリコ・ベベク（Željko Bebek）はボスニア生まれのクロアチア人、二代目のムラデン・ヴォイチチ・ティファ（Mladen Vojičić Tifa）はセ

初代ヴォーカルのベベク
（*Review*, 1978年4月号, 4）

ルビア人の父親とクロアチア人の母親の間に生まれ、三代目のアレン・イスラモヴィチ（Alen Islamović）はボスニア・ムスリムの両親から生まれた。彼らの人気は、ユーゴスラヴィアを象徴するような彼らのあり方だけではなく、注意深く時代に応じてその音楽の方向性を上手く変えてきたことにもよっている。ベベク時代、まずハードロックバンドとして頭角を現し、1980年前後にはニューウェーブに接近し、80年代のティファ時代、アレン時代はエスニック・ロックに向かった。トップバンドとしての「ビエロ・ドゥグメ」は、いくつかの問題に巻き込まれながらも、その人気で問題を乗り越えてきた。彼らのドラッグ使用は公然の秘密であったが、それがバンドに影響を与えることもなかった。政治的な議論を呼ぶ楽曲を作ったが、そこには、一貫して（ナショナリズムではない）多民族

ユーゴスラヴィアへの愛国心が込められてもいた。コソヴォ以外のメジャーバンドとしてはほぼ唯一、アルバニア語で曲を作ったのも彼らであったし、革命歌や当時の国歌をアレンジしてアルバムに収録した。

バンドの活動は、1989年に突然終わりを迎える。連邦解体や内戦が直接の解散の原因ではなかったが、ユーゴスラヴィアの崩壊は、結局、最もユーゴスラヴィア的なロックバンド「ビエロ・ドゥグメ」の終わりを意味していた。ブレゴヴィチは、外国に拠点を移して映画音楽作曲家としての名声を得て、三

エネルギッシュなステージパフォーマンス（同, 5）

人のボーカルは細々ながらソロ活動を継続した。そして紛争が終わり、ようやくユーゴスラヴィアを懐かしく思い出すことができるようになった2005年、「ビエロ・ドゥグメ」の（一度限りの）再結成コンサートが、サラエヴォ、ザグレブ、ベオグラードで行われた。ある者は青春を懐かしみつつ、若者は伝説のバンドをひと目見ようと、20万人以上がコンサートに駆けつけたという。コンサートはCDとDVDに収録され、人々には懐旧を、バンドメンバーには多額の収入をもたらした。口さがない者によれば、金に困ればまた再結成するさ、とのこと。実はひそかにそれを望む人の数は少なくないはずである。（山崎信一）

1986年の「唾を吐き歌え、わがユーゴスラヴィアよ」のジャケット

ニューウェーヴを代表するバンドのひとつ「イドリ（Idoli）」（*Moderna srpska država 1804-2004*, 384）

パンク――人民軍将校など社会上層の子弟が担い手となった結果、体制順応型

　ユーゴスラヴィアは社会主義国ではあったが、ソ連とは異なる独自路線を採用していた。この独自性は、政治や経済の分野にとどまらず、実のところ文化にも及んでいた。ソ連圏とは異なり、文化統制はかなり緩やかで、そのため、西側からはロック音楽がほとんど同時代的に流入し、ビエロ・ドゥグメを筆頭にさまざまなロック・グループが生まれた。そしてユーゴスラヴィアにおけるロックの黄金時代となったのが、1970年代後半から1980年代にかけての時期である。この時代、新しいロックの潮流がユーゴスラヴィアに伝わり、開花した。世界的にニューウェーヴとして知られるこの潮流は、ユーゴスラヴィアでも同様にノヴィ・ヴァル（novi val）／ノヴィ・タラス（novi talas）（いずれも「新しい波」の意味）と呼ばれた。ニューウェーヴは、さまざまなロックの潮流の混在したものであったが、ユーゴスラヴィアで最も大きな影響力を持ったのはパンクである。パンクはまず西欧に最も近いスロヴェニアではじまり、次いでクロアチアのザグレブやリエカに、そしてユーゴスラヴィアの全域に広がってゆく。最初の担い手は、1978年にリュブリャナで結成されたパンクルティ（Pankrti）（ならず者）であり、次いでザグレブのプルリャヴォ・カザリシュテ（Prljavo kazalište）（汚れた劇場）などが人気を博した。

　欧米におけるパンクは、特にその初期においては、強い反社会性、反体制性を有し、秩序の解体がひとつの音楽的目的となっていた。ユーゴスラヴィアのパンクも、そのファッションやいくぶん過激なテキストの使用は、大きな反響をもたらしはしたが、反社会的な

ユーゴスラヴィアのニューウェーヴを決定づけたコンピレーションアルバム
「パケット・アランジュマン（Paket aranžman）」

　メッセージ性は欧米ほどには強くなかった。その理由のひとつは、社会主義国に特有のイデオロギー統制にあったのかもしれない。ただこの国では、公式の検閲はなく、レコード会社内の非公式な自主規制によっており、コントロールはかなり緩やかだった。そして、西側諸国で、パンクが労働者階級を担い手としていたのに対して、ユーゴスラヴィアでロック・ミュージシャンになったのは、社会の上層部の人々の子弟が非常に多かった。特に、人民軍の将校の子弟が目立つ。だからこそ、当時においてはまだ高価だった楽器も入手できたのだろうが、物質的に恵まれていた彼らの抵抗のメッセージはどうしても弱くなる。

　パンクの流行にやや遅れて、その他のニューウェーヴの諸潮流もユーゴスラヴィアに入ってきた。スカ、シンセポップ、ニューロマンティック、インダストリアルなど、主要なジャンルはことごとくユーゴスラヴィアにおいても流行し、まさに百花繚乱の状況を呈した。（山崎信一）

1980年のパンクのコンピレーションアルバム「新しいパンクの波」

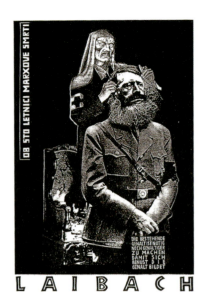

ヒトラーの顔まわりにマルクスのひげをつける、ライバッハのポスター。

現在のライバッハのメンバーたち。

ライバッハ——ユーゴの「ナチス化」を痛烈に批判した世界的に有名なバンド

1980年にスロヴェニアで結成された「ライバッハ（Laibach）」は、現在も国内外を問わず人気を博すパンクロックバンドだ。政治色の強い総合芸術運動グループ「新スロヴェニア芸術（NSK）」の音楽部門として創設されたバンドで、コンサート上演の際にメンバーがナチス・ドイツ将校の制服を着てライヴにあらわれたことで一躍有名になった。なお、NSKの「哲学部門」は、現在世界的にもっとも有名なスロヴェニア人とも言える哲学者スラヴォイ・ジジェク（Slavoj Žižek）が所属していたことでも有名だ。そもそも、ドイツ語でリュブリャナを指すライバッハという名も、スロヴェニア各地を占領しドイツ化を推し進めたナチス・ドイツを連想させるとして、第二次世界大戦以降は使用が控えられてきたものであった。ナチス・ドイツのモチーフを多用することは、ファシズムの風刺的なパロディと見なされることもあれば、ストレートにナチス崇拝バンドととらえられることもあり、ライバッハは右翼と左翼の双方から攻撃されることとなった。

ユーゴスラヴィア政府からの厳しい監視下にあったライバッハは、中心メンバーであったトマシュ・ホストニク（Tomaž Hostnik）の自死（1982年）、そして1983年からの活動禁止処分によって、バンドの存続自体が危ぶまれた。しかしその間も1985年にNSK美術部門グループイルウィン（Irwin）の展覧会で、ナチス党員たちの肖像画にまぎれてライバッハメンバーの肖像画が展示されるなど、ユーゴのアートシーンに登

場し続けていた。

1989年、活動休止処分が解けて初めてのコンサートがベオグラードで行われた。このコンサートでの最初のMCはなんと、その数日前に行われたミロシェヴィチの演説をパロディにしたもの。まずセルビア民族主義を鼓舞するミロシェヴィチの口調がうまく真似られ、そこへ次第にドイツ語の語彙が混ざり始めていくというものだ。内戦間近にまで高揚した民族主義を、ナチズムと同じようなものだと批判するためのパフォーマンスである。

1998年のアルバム『Sympathy for the Devil』

近年のライバッハはエレクトロニカのほうへシフトしており、ヴォーカルのミラン・フラス（Milan Fras）が各国の国歌をオリジナルの言語で歌うというプロジェクトなどで成功をおさめ、国内外を問わず変わらない人気を博している。この国歌シリーズには「君が代」も含まれているが、プロモーションビデオでは桜の花びらのように平仮名が落ちていくというCGであり、フラスの日本語もなかなか格好いい。世界中の国々を、わかりやすいシンボルによって視覚化・オーディオ化する国歌シリーズは、政治的意図というよりもその質の高さによって今も多くの人々に支持されている。（亀田真澄）

イギリス人歴史家アレクセイ・モンローによるライバッハとNSKの研究書の表紙。（A. Monroe, *Pluralni monolit: Laibach in NSK,* Ljubljana, 2003）

フォークロア・フェスティヴァルのひとこま（*Review*, 1969 年 10 月号, 3）

多様な伝統音楽——アルプスのアコーディオンから一弦琴の吟遊詩人まで

　ユーゴスラヴィアは、多様な文化的伝統の入り交じった国であり、ゆえに伝統音楽もまた地域によってきわめて多様なあり方を呈していた。最も北に位置するスロヴェニアは、アルプスの山並みに抱かれた地域であり、その伝統音楽も、むしろオーストリアやスイスのようなアルプスの山岳国家のそれに近い。アコーディオンが旋律の担い手となり、リズムも、ポルカやワルツといったハプスブルク帝国の影響を強く感じさせるものが主流である。最も知られた伝統音楽の楽団、「アウセニク兄弟楽団（Ansambel bratov Avsenik)」も、旧ユーゴスラヴィアの他の地域より、むしろドイツやオーストリアにおける方がよく知られている。一方、クロアチアのアドリア海沿岸地域であるダルマチアの伝統音楽は、地中海の音色を感じさせ、対岸のイタリアの民謡とも共通点が多い。また、ボスニア・ヘルツェゴヴィナは、長いオスマン帝国支配とその文化的影響を反映してか、オリエンタルな旋律に乗せてスローテンポでうたわれるエモーショナルな民謡「セヴダリンカ（sevdalinka)」で知られている。内陸部でパンノニア平原に

共産党大会終了後は、皆でフォークダンスを踊るのが常だった
（*Moderna srpska država 1804-2004*, 368）

つらなるスラヴォニアやヴォイヴォディナでは、今度はハンガリー音楽との共通点が多い。ここでは、タンブーラと呼ばれる弦楽器が主に用いられる。セルビア南部やマケドニアでは、伝統音楽の担い手は主としてロマであり、8分の7などの変拍子を特徴とするブラスバンドが伝統音楽の担い手のひとつとなっている。また、セルビアやモンテネグロでは、グスレと呼ばれる一弦琴を伴奏に、英雄叙事詩を歌い上げる吟遊詩人の伝統があるが、これも広い意味では、伝統音楽に分類できるだろう。ただ、音楽としては、一弦琴はあまりに単調ではある。またユーゴスラヴィア、とりわけその南部においては、伝統音楽は民族舞踊と密接に結びついている。セルビアでは「コロ」、マケドニアでは「オロ」と呼ばれる伝統舞踊は、多くの場合、人々が輪になって踊る。

社会主義体制下においては、伝統音楽は、民衆文化を体現するものとして、積極的に位置づけられ、各地に多くのアマチュアやセミプロのフォークロア・サークルが作られた。伝統音楽の多様性は、ユーゴスラヴィアの文化的な豊かさを示すものでもあった。連邦の解体後は、今度は、それぞれの伝統音楽が、それぞれの国民文化を象徴するものとして位置づけられている。ただし、「伝統」というものは廃れるのが運命、伝統音楽や伝統舞踊も、人々の日常生活からはほとんど姿を消してしまい、フォークロア・サークルなどによって、むしろ「芸術」として保存されている。それでも、祝祭や結婚式など、「晴れの舞台」においては、伝統音楽が奏でられ、普通の人々もそれに合わせて踊る。やはり、心のどこかには、伝統音楽のリズムが残っているのだろう。(山崎信一)

各地の伝統音楽のレコードも多数発売された。
(*Review*, 1963年11月号, 裏表紙)

(*Review*, 1964年2月号, 裏表紙)

イェレナ・カルレウシャ（Jelena Karleuša）のステージ
http://upload.wikimedia.org/wikipedia/commons/0/0c/JK-1.jpg（CC BY-SA 3.0）

トゥルボ・フォルク――農村でも人気になったオリエンタル民謡とダンス音楽のミックス

　ユーゴスラヴィアの各地、とりわけその南部の諸領域を旅して、ひとたびカフェに入れば、あるいはタクシーに乗ってラジオに耳を澄ませば、オリエンタルなリズムとダンス・ビートが奇妙に混ざり合った音楽を耳にすることがあるだろう。それを「生理的に受け付けない」と嫌う向きも、思わず踊り出したくなる向きも、この「トゥルボ・フォルク」が、旧ユーゴスラヴィア、中でもセルビアを、いろいろな意味で象徴する大衆音楽であることは認めざるをえないだろう。

　トゥルボ・フォルクとは、英語に直せばターボ・フォーク、ターボのかかったフォークミュージック（民謡）といったところだろうか。ユーゴスラヴィアでは、各地でさまざまな伝統的民謡が歌われてきた。のみならず、これらの「オリジナル民謡」に加えて、社会主義期には、新たに作詞・作曲された民謡的な歌謡である「新作民謡」が多数作られて人気を博した。誤解を恐れずに単純化すれば、「オリジナル民謡」が日本の「民謡」に、「新作民謡」が「演歌」にあたるだろうか。この「新作民謡」が、1980年代後半に人気になったダンス音楽と融合して、1990年前後から作られるようになったのがトゥルボ・フォルクである。

出待ちするツェツァ（Ceca）のファン
（撮影：吉田正則、2013 年）

トゥルボ・フォルクのスター、ツェツァ
（撮影：吉田正則、2013 年）

　トゥルボ・フォルクは、瞬く間に人気となった。ひとつには、当時のセルビアのミロシェヴィチ政権から、大きなバックアップを受けていたこともあった。農村に暮らし、ロックやポップスとほとんど縁のない暮らしをしてきた人々にとっては、なじみのあるリズムで奏でられながら、モダンでもある音楽であった。トゥルボ・フォルクの女性歌手たちは、派手な化粧に露出の多いステージ衣装で登場し、音楽そのものだけでなく自らの「身体」や「スキャンダル」をも消費に供した。

　1990 年代のセルビアの大衆音楽状況は、このトゥルボ・フォルクをめぐって二分されていた。すなわち、体制派のトゥルボ・フォルクと反体制派のロック・ポップス、農村のトゥルボ・フォルクと都市住民のロック・ポップスといった対立である。しかし、2000 年のミロシェヴィチ体制の崩壊後も、トゥルボ・フォルクは衰退しなかったし、いまだに旧ユーゴスラヴィア各地で聴かれ続けている。大都市のディスコでも、人々がテクノに踊り疲れた頃になると、トゥルボ・フォルクが聞こえ出す。なんだかんだと言っても、トゥルボ・フォルクのリズムが、旧ユーゴスラヴィアに暮らす人々の DNA に刻み込まれているのかもしれない。（山崎信一）

メイン楽器はフリューゲル・ホルンとユーフォニウム。
(Review, 1970年7-8月, 40)

観客相手の土産物屋も出店
(以下、いずれも、撮影：吉田正則、2007年)

ロマ・ブラス──『アンダーグラウンド』で一躍有名になったバルカンを象徴するリズム

　ロマ（ジプシー）の存在は、日本でもよく知られるようになっており、スペインの「ジプシー・キングズ」に代表されるミュージシャンのイメージ、イタリアなどでのスリなどの「犯罪者」や不法移民のイメージ、東欧諸国における差別に苦しむ人々とのイメージなど、そのとらえられ方もさまざまである。あまり知られてはいないが、ユーゴスラヴィアは一大ロマ大国であった。社会主義体制においてロマは、「国家構成民族」「少数民族」に続く「エスニック集団」として公的な承認を受けており、差別に苦しみながらも、一定の枠内での文化的権利も承認されていた。

　バルカンにおけるロマは、伝統的に農業生産以外の手工業などに従事してきた。鍛冶屋などと並んで、音楽もまたロマの生業のひとつであり、彼らは職業音楽家として、結婚式などのさまざまな祝祭などで音楽を演奏して生計を立てていた。演奏する楽器は地域によって異なり、ヴォイヴォディナなどではバイオリンなどの弦楽器が中心であったが、セルビア南部やマケドニアなどでは、オスマン帝国の軍楽の影響のもとに、トゥルーバ（ラッ

バルカン・ブラス最大のイベント、グチャ音楽祭のひとこま

お客さんも飛び入りで踊り出す

パの意）と呼ばれる金管楽器（ロータリー式のフリューゲル・ホルンが主）などにより構成されるブラス・バンドの形を取っている。その音楽は、8分の7拍子などの変拍子を基調とするものが多く、非常に独特のものとなっている。

　ユーゴスラヴィア国内ではある程度知られていた、というよりは、結婚式に際して演奏される音楽として身近なものであったが、それが広く世界に知られるきっかけとなったのは、エミール・クストゥリツァ監督の1995年の映画『アンダーグラウンド』であった。この映画では、著名なロマのブラスバンド「ボバン・マルコヴィチ・オーケストラ（Boban Marković orkestar）」が演奏を担当しており、映画のヒット（カンヌ映画祭での最高賞受賞）と、ワールドミュージックの広まりにのって、世界的な知名度を得ることになった。世界ツアーに出るバンドや、有名レーベルからCDを発売するバンドも出るようになり、ブラスバンドの登竜門であるグチャ音楽祭は、毎年数十万の観客を世界中から呼び込むまでになった。今でも、多くのロマの子供たちが、口を腫らしながら、賢明にラッパ吹きの練習に励んでいる。いつか世界で成功する日を夢に見ながら。（山崎信一）

ノヴィ・サドで開催される EXIT のひとこま
（いずれも、撮影：ペタル・マルコヴィチ
（Petar Marković））

国際的イベントに成長

音楽祭――新人アーティストの登竜門、そしてユーゴスラヴィア各地の若者の交流の場

　ユーゴスラヴィアの大衆音楽は、市場経済メカニズムの中、音楽的流行の形成という点から言えば、西側とそれほど大きくは異ならない形で展開した。レコード会社間の競争や、さまざまなメディアの発展とならんで、音楽的流行の形成には各地で行われた音楽祭も大きな役割を果たしていた。西欧においては、例えばイタリアで行われるサンレモ音楽祭などは世界的にも知られているし、日本でも 1970 年前後の中津川フォークジャンボリーなど、音楽ジャンルを問わず様々に組織されるものだった。

　そしてユーゴスラヴィアでも、主に歌謡曲を対象とする音楽祭と、ロックを対象とするロック・フェスティヴァルが多数開催されていた。これらの音楽祭は、全ユーゴスラヴィアから参加者を集め、また観客もユーゴスラヴィア全体から集まっていた。シュラーゲルと呼ばれた歌謡曲を対象とする音楽祭としては、ダルマチアのスプリット（Split）で 1960 年から開催されている「スプリット娯楽音楽祭（Festival zabavne glazbe Split）」、ベオグラードの「ベオグラードの春（Beogradsko proleće）」、サラエヴォで開催されていた「今季のあなたのシュラーゲル（Vaš šlager sezone）」、クロアチアの首

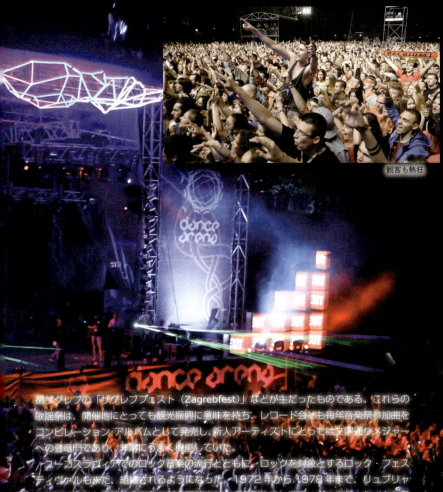

観客も熱狂

部ザグレブの「ザグレブフェスト（Zagrebfest）」などが主だったものである。これらの歌謡祭は、開催地にとっても観光振興に意味を持ち、レコード会社も毎年音楽祭参加曲をコンピレーション・アルバムとして発売し、新人アーティストにとっては文字通りメジャーへの登竜門であり、非常にうまく機能していた。

ユーゴスラヴィアでのロック音楽の流行とともに、ロックを対象とするロック・フェスティヴァルもまた、組織されるようになった。1972年から1978年まで、リュブリャナにはじまり、開催地を変えながら開催されたBOOMフェスティヴァルが、もっとも重要なものである。ロックフェスティヴァルは、ユーゴスラヴィア各地の若者の交流の場としても意味を持った。

連邦解体と紛争の1990年代には、これらの音楽祭やロック・フェスティヴァルは各共和国単位に縮小されたり、開催が困難になったりしたが、紛争の後には、再び旧ユーゴスラヴィア規模でのイベントとしても再生しつつある。セルビアのノヴィ・サドで2000年から開催されているEXITは、旧ユーゴスラヴィアにとどまらず、ヨーロッパ規模でも人気のあるロック・フェスティヴァルに成長した。（山崎信一）

ユーロヴィジョン——解体間際の1989年にようやく優勝

「ユーロヴィジョン・ソング・コンテスト」と言っても、日本ではなじみは薄いかもしれない。しかしヨーロッパでは毎年開催される国別対抗の歌謡コンテストとして定着しており、開催時期には、視聴者がテレビに釘付けとなる。このコンテストの歴史は古く、テレビ放送が始まってさほど経っていない1956年にはスイスで第1回が開催され、その後毎年開催され現在まで継続している。コンテストで人気を博し、世界的な大ヒット曲となった曲も数多い。例えば、1965年の優勝曲、フランス・ギャル（フランス）の「夢見るシャンソン人形」、1974年の優勝曲、アバ（スウェーデン）の「恋のウォータールー」などは日本でも良く知られる。また、1979年には、ユーロヴィジョンで勝つことを最大の目標に結成されたドイツのグループ、ジンギスカンがグループと同名の曲「ジンギスカン」を伴って出場したが、結局は4位に終わっている。

社会主義時代のユーゴスラヴィアは、この「ユーロヴィジョン・ソング・コンテスト」に社会主義国としては唯一、断続的ながら出場していた。初出場は、1961年のリリャナ・ペトロヴィチ（Ljiljana Petrović）で、この時は8位に終わっている。1985年には、ユーロヴィジョンの決勝が5月4日に設定されたことから、参加を見送ったこともあった。この日はティトーの命日であり、当時のユーゴスラヴィアにとっては追悼式典などの行われる特別な日で、他のイベントに関与する余裕はなかったのだ。

ユーロヴィジョンの参加歌手・グループの国内選考は、ユーロヴィジョンをもじって「ユーゴヴィジヤ（ユーゴヴィ

ユーロヴィジョンで1989年に優勝した「リヴァ」
(*Ilustrovana politika*, 1989年5月16日号, 25)

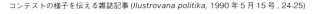

コンテストの様子を伝える雑誌記事 (*Ilustrovana politika*, 1990 年 5 月 15 日号, 24-25)

ジョン)」と呼ばれた。政治的な配慮もあったのか、ほぼ各共和国から万遍なく代表が選出されている。ユーゴスラヴィア代表は、本選でもさほど悪くない成績を収めていたが、優勝にはなかなか届かなかった。しかし、1989 年にとうとうリヴァ(Riva)というグループが、「ロック・ミー」という曲で優勝を果たした。優勝国が次回の開催権を得るシステムであったので、1990 年の大会はザグレブで開催されたが、これは唯一社会主義国で開催されたユーロヴィジョンということになった。

　初優勝の直後、連邦の解体と紛争の勃発とともに、後継諸国は別個に大会への参加を果たすようになる。紛争の傷の癒えぬ中、なかなか好成績を収めることはできなかったが、2007 年にセルビア代表のマリヤ・シェリフォヴィチ(Marija Šerifović)が旧ユーゴ諸国としては 1989 年以来の優勝を果たした。ユーロヴィジョンは、参加各国が、自国以外の国に点数をつけ、その合計で優勝が決まるシステムになっている。興味深いのは、セルビアがクロアチアに、クロアチアがボスニアに、ボスニアがセルビアにといったように、旧ユーゴスラヴィアからの参加国は同じく旧ユーゴスラヴィアの隣国に高得点をつける傾向がある点である。やはり類似の言語を持ち、また同じ音楽文化を共有していたこれらの国々にとっては、本質的には隣国は「敵」ではなく「仲間」であり、こうした投票行動が自然な選択なのだろう。(山崎信一)

アラン・フォード──作者はイタリア人、舞台はアメリカ、そしてなぜかユーゴスラヴィア・コミックの古典

　コミックは、20世紀に世界中で大きな発展を遂げた分野の一つであるが、社会主義ユーゴスラヴィアもその例外ではない。子ども向けのものから、新聞に掲載される風刺漫画まで、実に様々な作品が作られ、読まれていた。中でも、デシミル・ジジョヴィチ・ブイン（Desimir Žižović Buin）の手による『ミルコとスラヴコ』は、二人のパルティザンの少年兵士を主人公として、その活躍を描いたもので、まさにユーゴスラヴィア的なコミックと言えるものだろう。

　しかし何と言っても、社会主義ユーゴスラヴィアで最もよく読まれたコミックは、『アラン・フォード』だろう。その主人公の名前、アラン・フォードは、アメリカ人を思わせ、コミックの舞台もアメリカはニューヨークであるが、このコミックの発祥の地は、実はイタリアである。物語の作者は、マックス・バンカー（Max Bunker）なる、これまたアメリカ人風のペンネームを持つイタリア人、ルチアーノ・セッキ（Luciano Secchi）であり、これまたイタリア人のマグヌス（Magnus）が主として作画を担当した。1969年にイタリアで刊行が始まったこのコミック、もちろん当時世界的に流行していたアメリカン・コミックに影響を受け、よって主人公もアメリカ人、舞台もアメリカに置かれたものだった。しかし、勧善懲悪のアメコミとは異なり、このコミックは、シニカルでブラックユーモアを含むものであった。とりわけ、アメリカとその体現する資本主義や当時の人種主義に対しては、痛烈な皮肉を飛ばしていた。アラン・フォードは、もともとは物語の主人公たる探偵の名前だったが、すぐさまアラン・フォー

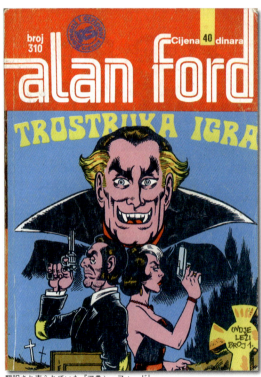

翻訳され売られていた『アラン・フォード』

ドを含むエージェントたちの集団「グループTNT」が集団的主人公となり、グループの繰り広げるドタバタを通して、探偵ものの枠にとどまらない、SF あり、歴史もありの幅広いブラックな笑いを体現するものとなった。

コミック『アラン・フォード』は、発祥の地イタリアではそこそこ人気を得たが、それが国外に大きく広がることはなかった。そう、ユーゴスラヴィアを除いては。フランスに紹介された際には、ほとんど見向きもされなかったが、このコミックがユーゴスラヴィアに紹介され、イタリア語からセルビア・クロアチア語に翻訳されると、どうしたわけか、瞬く間にユーゴスラヴィア全土で大人気となり、その人気は発祥の地イタリア以上ともされた。コミックは、一冊が小さな A5 判型の数十ページからなり、キオスクなどで週刊誌と一緒に売られていた。価格もさして高くはなく、人々は新作の発売を今かと待ち構えた。そして現在も、復刻版が繰り返し刊行されており、旧ユーゴスラヴィアの人々は『アラン・フォード』を昔と変わらずにむさぼり読んでいる。こうして、イタリア人の書いた作品が、「ユーゴスラヴィア・コミックの古典」となったのだった。

社会主義時代、アラン・フォードの翻訳権を持っていたのはザグレブの会社であり、セリフはいわゆるクロアチア語で翻訳されていた。ユーゴスラヴィア解体後には、セルビアの会社がセルビア語翻訳版を刊行したが、その売れ行きは芳しくなかった。いわく、「アラン・フォードのシニカルなツボは、お高くとまったクロアチア語でないと表現できない」とのことである。（山崎信一）

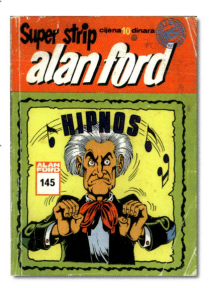

VHS『The Best of Zagreb Film: Laugh at Your Own Risk and for Children Only』、Image Entertainments 社、2000 年発売。

ズラトコ・ボウレク監督『鍛冶屋の弟子』、1961 年。(*Review*, 1970 年 1 月号, 37)

アニメーション—セル画を極限まで減らし欧米で潮流まで作った「ザグレブ派」

　芸術性を重視する「大人向け」のアニメーションはしばしば、「アート・アニメーション」と称される。東欧では一般的にアート・アニメーション制作がさかんで、日本でもヤン・シュヴァンクマイエルを筆頭に紹介がかなり進んでいる。東欧でこのような「大人向け」アニメーション制作がさかんであった共通の背景としては、社会主義体制下では商業ベースのアニメーション制作をする必要がなかったため、独自の芸術性を追求できたことが挙げられるだろう。

　ユーゴスラヴィアでは映画制作においても共和国単位の分業制になっており、劇映画制作は主にベオグラードが、教育映画制作はボスニアが担い、アニメーション制作はザグレブが担当するかたちになっていた。ユーゴスラヴィアで作られたアニメーションのほぼすべては、1953 年にザグレブに設立されたザグレブ・フィルム（Zagreb Film）社（1956 年にアニメーション部門設立）によるものである。

　ザグレブ・フィルムの作品群は、作家の個性を基調としながらも、独特のスタイルを共有するひとつの潮流として、欧米で「ザグレブ派」と呼ばれる潮流を形成していた。1970 年代までの間、600 本以上の作品が世に送り出され、その多くが各地の映画祭で賞を獲得する。「ザグレブ派」の作品はほぼ全て、セル画の数を極限まで減らしたリミテッド・アニメーションの手法で制作されており、これはモダンな画面構成を大胆なリズムで展開させる、独自のスタイ

ルを生み出していた。ただしこのリミテッド・アニメーションの手法は、物資的にも技術的にも欧米にはかなわない状況にあって、生き生きとしたリアルな動きを再現するディズニーのフル・アニメーションにも負けないインパクトを創りだすための工夫の賜物であった。平易なデッサン、優れた音楽センス、言葉を発しない登場人物、風刺性、ペシミズムに裏付けられたブラックユーモアが、「ザグレブ派」の特徴である。

ただし、1980年代の経済危機とともに、ザグレブ・フィルムの経営は困難を極め、アニメーターの多くは映画やCMなどの商業的なジャンルへと活動の場を移していった。またザグレブ・フィルムに集っていたアニメーターたちの多くはクロアチア人ではなかったため、クロアチア国内での民族関係の緊張が高まるにつれ、ザグレブ・フィルムを離れ国外に移住する者も多かった。

現在もザグレブ・フィルム社はアニメーション制作を続けているものの、ユーゴスラヴィア時代に「ザグレブ派」として知られたころの活気は見られない。ザグレブ・フィルム作品については日本でも紹介が進んでおり、DVD『ザグレブ・フィルム作品集』（Geneon Universal社、2006年）も発売されている。（亀田真澄）

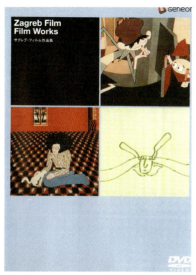

DVD『ザグレブ・フィルム作品集』、ジェネオンエンターテインメント社、2006年発売。ザグレブ・フィルムの代表作がほとんど網羅されている。

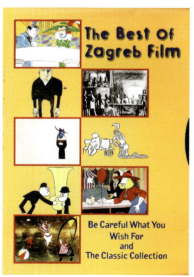

DVD『The Best of Zagreb Film: Be Careful What You Wish For and The Classic Collection』、Image Entertainment社、2000年発売。

車両や隊列は長方形に抽象化されている。

『ドン・キホーテ(Don Kihot)』（1961年）
ヴラディミル・クリストルがセルバンテスの小説を翻案。原作とは反対に、巨大な隊列を風車と間違えるというストーリーになっている。クリストルはネオ・アヴァンギャルド芸術家集団「EXAT51」の設立メンバーの一人。『ドン・キホーテ』では、幾何学的・直線的なフォルムによる平面的な動きと、写真のコラージュを組み合わせた、独自のスタイルを追求した。

キホーテの妄想の世界は、写真のコラージュ。

『代用品（Surogat）』（1961年）
ドゥシャン・ヴコティチ（Dušan Vukotić）の作品。アカデミー短編アニメ賞受賞。主人公の海辺での休日をテーマに描いた『代用品』では、キャンピング用品に始まって、恋人、海、車、道路などの全てが、カラフルな破片を膨らませたものである。最後には主人公の「栓」が抜けてしまい、小さな破片になる。

破片に空気を入れて、恋人までも用意。

日が暮れると、「海」の栓を抜いて、車で帰宅。

『過ぎ行く日々（Idu dani）』（1968年）

ネデリコ・ドラギッチ（Nedeljko Dragić）監督。自宅でカウチに座る主人公のもとへ、次から次へと警官・軍隊・秘密警察・政治家・様々な団体が押し寄せ、日常生活が不可能になる。旧ユーゴスラヴィアにおける「言論の自由」「豊かな生活」「多民族共存」という建前の「実際」が、単純な線と抑制された色合いで表現されている。

部屋で本を読んでいると、いきなり検閲官が現れ、主人公の本を破く。

ふたつの団体が押しかけ、主人公をそれぞれの側に引っ張り込もうとする。

『サティーマニア（Satiemania）』（1978年）

ズデンコ・ガシュパロヴィチ（Zdenko Gašparović）の代表作。エリック・サティーの音楽にそって、手書きのラフさの残るデッサンが、次々に色と形を変えていく。女性たちの悲劇的な死を通して、都市の人間疎外というテーマが繊細なタッチで紡がれている。

絵を斜めにかけた瞬間、軍隊の突撃にあう。軍司令官は、「正しい絵のかけ方」を指導する。

死の瞬間に、口から無数の蝶が飛び立つ。

動くマネキンが、化粧で女性の顔を描く。

「バルタザル教授」──ユーゴスラヴィアの一休さん(ただしおじいさん)

　大きな耳のチェブラーシカ(ロシア)、モグラのクルテク(チェコ)など、東欧の子供向けアニメーションは、子供も大人も惹きつける、魅力的なキャラクターを生み出してきた。

　いわゆるアート・アニメーションを得意としていたザグレブ・フィルム社は、子供向けのアニメーションも制作していたが、今も愛されるヒット作に、『バルタザル教授(Profesor Baltazar)』(ズラトコ・グルギッチ(Zlatko Grgić)監督、制作:1967年～71年)がある。日本ではほとんど知られていないものの、カナダや北欧を中心として世界各国で放映されていた。白いひげに丸眼鏡、黒いシルクハットの似合うバルタザル教授は、老齢とは思えない、いたずらっこのような笑顔がトレードマークだ。

　軽快なオープニングで始まるこのアニメーションは、バルタザル教授が、奇想天外な発想と魔法の化学実験で作られる発明品によって、人々や動物たちの「ちょっと悲しいこと」を解決するシリーズものである。「星の4重奏」というエピソードをみてみよう。散髪屋・ごみ収集人・吹きガラス職人の3人が、ハサミ・アルミのごみ箱・ガラス瓶をそれぞれ楽器にした3重奏を試みるが、コンサートでは大ひんしゅく。がっかりした3人はバルタザル教授のもとを訪ねる。バルタザル教授はなんとか解決できないかと、部屋を歩き回る。ここで毎回おなじみ、軽快なリズムの「考え中」メロディが流れるところは、日本の『一休さん』によく似ている。バルタザル教授はそんなある日、ふと覗き込んだ望遠鏡のかなたに、1人ぼっちの惑星でさみしげに歌う異星人の少女を発見する。バルタザル教授

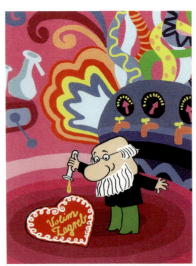

バルタザル教授が作っているのは、ザグレブ名物のジンジャークッキー「リツィタルハート」。真ん中には鏡が埋め込んであるのが特徴。

アルプスのヨーデル歌手とも友達。

バルタザル教授のポストカードいろいろ

はすぐに、洗濯機型の宇宙船を発明し、3人をその惑星まで送り届ける。異星人の少女は、バルタザル教授一行を大歓迎。こうして、3人の演奏と異星人の歌声からなる4重奏が結成され、宇宙の片隅から、リズムの外れた、とても楽しげな音色を響かせることとなった。

　このように『バルタザル教授』は、内容自体は子供向けのものであるが、斬新なデザインや色使いには、当時のネオ・アヴァンギャルド美術の影響が色濃く表れている。近年、ザグレブを走る路面電車のデザインに採用されるなど、再評価の機運が高まっている。（亀田真澄）

カエルのような潜水艦に乗って、たまには海の友達にも挨拶。

教授のイスには「B」の文字。友達のネズミとチーズのケーキを食べるバルタザル教授。

動物や宇宙人まで、困っているなら誰でも助ける。

クロアチア郵便とのコラボ。左上に郵便局のロゴが見える。

洗濯機型の宇宙船が、バルタザル教授の発明品のなかでも傑作。

ザグレブの旧市街と新市外を結ぶ、世界一短いとされるケーブルカー（ウスピニャチャ）。1890年に作られたもので、所要時間は片道30秒。

DVD『バルタザル教授』シリーズ、ザグレブ・フィルム。（英語字幕つき）

バルタザル教授の少年時代。なぜか既におじいさん。バルタザル教授の絵本より。(S. Šesto, *Profesor Baltazar 7*, Zagreb, 2014)

ティトーのパレードのときは、ティトーが通る道沿いの部屋の人たちはベランダに何も置かないよう、そしてパレード中は（特別な許可や指示がある場合以外は）ベランダに出ないように指示されていた。サーニャ・イヴェコヴィチによるビデオ作品「ニュー・ザグレブ（窓の向こうの人々）」（1979年）
R. Marcoci, T. Eagleton, S. Ivekovic, *Sanja Ivekovic: Sweet Violence,* New York, 2011, 125.

ビデオアート——公的・私的映像を混ぜ合わせ「幸福な社会主義とは何か？」を問う

　1980年代、ソ連や他の東欧諸国と同様に、ユーゴスラヴィアでも地下文化がさかんになった。このころの東欧共産圏の地下文化の特徴とは、国家権力の転覆を図るべく、国家の身振りを徹底的に真似るというものであった。このスタイルとマッチしたのが、共産圏では70年代ころから普及し始めていた、ビデオテープを活用した作品「ビデオアート」である。ユーゴスラヴィアでは、民族主義の台頭、経済危機、それによるユーゴスラヴィア主義への幻滅といった問題に直面していた若者を中心に、1960年代までの「幸福な社会主義時代」とは何だったのかを再度考えようとする動きがあった。それを映像化したのが、サーニャ・イヴェコヴィチ（Sanja Ivekovic）に代表される若い世代のアーティストたちである。1960年代のテレビ映像を引用しながら、それを個人的な映像（ときにはポルノのような映像）にモンタージュすることで、公的な空間と私的な空間を混ぜ合わせるスタイルの作品が数多く発表された。（亀田真澄）

当時さかんだったボディーアートの影響も強いイヴェコヴィチ。サーニャ・イヴェコヴィチによるビデオ作品「インストラクション No.1」(1976年) *Sanja Ivekovic*, 51.

サーニャ・イヴェコヴィチによるビデオ作品「パーソナル・カット」(1982年) *Sanja Ivekovic*, 125-126

『パーソナル・カット』(1982年)

　サーニャ・イヴェコヴィチは、1949年に生まれ、1970年代から世界的に活躍し始めた。この作品では、黒いストッキングを顔にかぶったイヴェコヴィチが、大きなハサミでそのストッキングを切っていく。ストッキングにハサミが入れられ、顔中に丸い穴ができるたびに、国営テレビ番組「ユーゴスラヴィア連邦の歴史」の一部が挿入される。録画されたテレビ番組から引用されるのは、除幕式、祝祭日のマスゲームの様子、豊富な品ぞろえのショーウィンドウ、並べられたハイヒール、パルティザン映画、大量の紙幣を数える様子のワンショットである。2011年にはアメリカ近代美術館（MOMA）でも特別展が組織されるなど、イヴェコヴィチの評価は年々高まっている。

サラエヴォの「カフェ・ティトー」(山崎撮影、2013 年)

☆そして、ユーゴノスタルジー

ユーゴノスタルジーTシャツ、懐メロ、ドキュメンタリー、ウェブサイト、居酒屋、カフェ

　「古き良き昔に思いをはせる」、人間なら誰しもが抱く自然な感情であり、時代や地域を越えて見られるものであろう。日本でも、「昭和ノスタルジー」に浸る向きも、世代によっては多いのではないだろうか。しかし、1990 年前後に体制転換を経験した、旧社会主義圏の国々においては、ノスタルジーという言葉は特別な意味を持っている。体制転換の後、社会主義の旧体制は、「人々の自由のない」、「経済的に停滞した」、「非人間的な体制」として、描写されるようになったが、体制転換後の資本主義の荒波の中、それに上手く乗ることができなかった人々は、「誰もが平等で（平等に貧しかったのだが）」、「犯罪のない（それだけ国家統制が強かったのだが）」、「失業のない（ゆえに生産性は非常に低水準だったが）」、旧体制に懐旧の念を向けた。こうしたノスタルジー現象は、ソ連・東欧の旧社会主義国には多かれ、少なかれ見られる。それらの中で、旧東ドイツへのノスタルジーは、「オスタルギー」という造語で広く知られている。実は、東ドイツの人々がドイツ統一によって、「祖国」を失ったのと同様に、ユーゴスラヴィアに暮らした人々もまた、連邦解体と内戦によって「祖国」を喪失したのであり、彼らのノスタルジーが「今はなき祖国」とそれを象徴したものに向かっているのも必然である。

　旧ユーゴスラヴィアにおけるノスタルジーは、「ユーゴノスタルジー(jugonostalgija)」

「カフェ・ティトー」の店内（鈴木撮影、2014 年）

ティトーの墓所「花の家」（ベオグラード）のお土産売場（鈴木撮影、2009 年）

ベオグラードの居酒屋コルチャギン「コルチャギン（Korčagin）」にて（鈴木撮影、2009 年）

社会主義グッズも民族主義グッズもごちゃまぜ。(写真提供:Ana Panić)

という造語で呼ばれるが、実のところ、そのあり方はさまざまである。ボスニアのように、今なお経済困難の続く国では、実際に社会主義時代の方が現在より遙かに暮らしぶりは良く、かなりストレートに「古き良き昔」が懐古されている。一方、スロヴェニアのように、EU加盟を既に果たしている先進的な国では、旧ユーゴスラヴィア時代を知らない若者たちの間で、ユーゴノスタルジーが広く観察されるという。これは一見矛盾をはらんだ現象に見えるが、現体制に不満を持つ若者たちにとって、ユーゴスラヴィアやその体現していた価値が、一種理想化された形で共感を呼んでいるのである。ユーゴノスタルジーは、政治的な意味で話題になることはほとんどなく、人々がどれだけノスタルジーを抱こうとも「ユーゴスラヴィアの再建」などは現実にはあり得ない。ユーゴノスタルジーが意識されるのは、大衆文化や消費財のような、人々の日常生活の場においてである。大衆音楽やテレビ番組、あるいは、社会主義時代から続く食品や日用雑貨をよすがに、人々はユーゴノスタルジーを抱く。

　そして、ユーゴノスタルジーが広く浸透するにつれ、それは「商売」としても成り立つようになり、そのことがさらに人々のノスタルジーを強化するようになった。1990年代にナショナリズムが商売道具のひとつであったように、今ではユーゴノスタルジーも商売のツールである。昔のシンボルをあしらったTシャツやら、懐メロのCDやら、ある

者は懐旧に浸りながら、ある者はそれが流行だからという理由で買い求める。ユーゴノスタルジーの「流行」は、メディアや出版をはじめ、サブカルチャーの諸領域から居酒屋まで、さまざまなところに表れている。

　出版は、ユーゴノスタルジーがもっとも盛んに形を取っている分野のひとつである。別項で紹介している『YU神話学事典』や『落第生のためのユーゴ連邦』に加えて、ティトーの評伝、ティトーに送った人々の書簡集といったティトーに関する書籍、旧ユーゴスラヴィア時代の、大衆音楽や映画に関するものなども枚挙にいとまがない。

　社会主義時代を振り返るドキュメンタリーのテレビ番組も数多く作られている。中でも、ベオグラードの民放B92テレビ制作の『初心者のためのユーゴ連邦』は、16回シリーズの中、各回テーマを選んで過去を振り返るもので、ドキュメンタリーとしての質の高さもあって好評を博し、DVD化もされている。セルビア国営放送も、『ロブナ・クチャ』という社会主義時代のサブカルチャーを振り返るドキュメンタリー・シリーズを制作している。

　1990年代半ば以降のインターネットの世界的普及は、もちろん旧ユーゴスラヴィア地域も例外ではなかった。そしてユーゴノスタルジーを抱く者にとって、政治的な制限なく、もはや超えるのも困難となったかつての共和国の境界も越えうる、インターネットは理想的な道具となった。こうして実にさまざまなウェブサイトが作られた。ティトーは死後14年にして自らのホームページを持つに至り、インターネット上の仮想国家「サイバー・ユーゴスラヴィア」は、その「憲法」さえも整備している。他にも、さまざまな「懐かしいもの」を紹介するブログなどは、数限りない。

　また、戦争の終った後は、実際にも市民団体のような形で、各地でユーゴノスタルジーが組織され始めた。モンテネグロの海岸沿いにある風光明媚な町ティヴァトには、「ユーゴスラヴィア社会主義連邦共和国総領事館」なるNGOが2003年に創設された。社会主義時代の記念日には、旧ユーゴスラヴィアの各共和国の団体と交流を持ちながら記念行事を組織するなど、比較的真面目な活動を続けている。

　あるいはもう少し緩く、かつての雰囲気に浸りながら酒を酌み交わしたい向きには、ユーゴノスタルジー居酒屋も用意されている。ベオグラードの「コルチャギン」なる居酒屋や、サラエヴォの「カフェ・ティトー」の中は、社会主義時代の品物であふれている。

　　（山崎信一）

ティトーの墓所前に集う人々。（写真提供：Ana Panić）

『落第生のためのユーゴ連邦』──「ティトーは言われた、光あれ！」

セルビア人作家デヤン・ノヴァチッチ（Dejan Novačić）による作品。「ユーゴスラヴィア最後のベストセラー、国家の後に登場」というキャッチフレーズで知られるこの作品は、マケドニア語、スロヴェニア語にも翻訳されて、旧ユーゴスラヴィア諸国で大ヒットとなった。目次には「地理」「自然」「歴史」「人口と統計」「政治的体制と社会組織」「財政」「ユーゴスラヴィアの文化」などの項目が並び、ユーゴ連邦に関する政治経済の教科書のような体裁をとっているが、その中身にはでたらめもかなり混ざっている。たとえば、最初のページを見てみよう。

「序文に代えて

1. はじめに地は形なく、深淵のおもてに暗闇があった。ティトーは「光あれ」と言われた。すると光があった。

2. ティトーは光と闇を分けられ、ティトーは光を我々のものと名付け、闇を彼らのものと名付けられた。

3. ティトーはまた言われた、「星は五角星であれ」。するとそのようになった。ティトーは輝く空で土地を灌漑すべく、空のしたに五角星を置いた」

言うまでもなく、『旧約聖書創

デヤン・ノヴァチッチ『落第生のためのユーゴ連邦』（D. Novačić, *SFRJ za ponavljače: turistički vodič*, Zagreb, 2010）。トリエステが首都のひとつとなっていたり、「サヴァ川」の表示が消されて、パルティザンが伝説的な勝利をおさめた「スーチェスカ川」に書き直されていたりと、ユーゴスラヴィア神話がブラックユーモアたっぷりに詰め込まれている。「SFRJ」はユーゴ連邦の略称。

世紀』の「天地創造」冒頭部分を書き換えたものあるが、ティトーを頂点とするパルティザン神話がキリスト教の創世神話と何ら変わりないことを描き出すユーモアだ。ノヴァチッチは他の項目でも、ユーゴスラヴィア礼賛の解説文を装いながら、パロディー版ユーゴスラヴィアを作り出している。ユーゴノスタルジー自体へのアイロニーがふんだんに盛り込まれつつも、ユーゴスラヴィア時代のモノたちへの否定しがたい愛情が見え隠れする。

なお、似たようなタイトルに『初心者のためのユーゴ連邦（SFRJ za početnike）』というのがあるが、これは2011年に放映されたセルビアのユーゴノスタルジー番組。ユーゴスラヴィア黄金期に青春していた人たちへのインタビューを中心に、古き良きユーゴスラヴィア時代をテーマごとに取り上げるという番組であ

DVD化された『初心者のためのユーゴ連邦（SFRJ za početnike）』のジャケット

るが、これを楽しむことができればもう、ユーゴノスタルジー「上級者」だ。（亀田真澄）

「社会のヒエラルキー」。もちろんティトーが一番上。ティトーと共産党員の官僚たちを、人民が支える。（SFRJ za ponavljače, 39）

ユーゴスラヴィア女性着せ替え人形。（SFRJ za ponavljače, 115）

『YU神話学事典』―日常生活のあれこれをインデックス化するプロジェクト

　民族対立が激化し、ユーゴスラヴィアが崩壊へと向かっていった1980年代後半、ユーゴスラヴィア人というアイデンティティを「文化」として取り戻そうとする運動が起こった。1989年、クロアチア人の女性作家ドゥブラヴカ・ウグレシッチ（Dubravka Ugrešić）は、「クッキーの箱、キャンディーの包み紙といった、がらくたのようなものにこそ記憶を喚起させる大きな力がある」と述べ、通常の事典では取りこぼされてしまうユーゴスラヴィアの日常的ディテールを大量に収集し、事典形式にインデックス化するという「YU神話学事典プロジェクト」をデヤン・クルシッチ（Dejan Kršić）らとともに開始した。このプロジェクトはユーゴ紛争をまたいで十年以上続けられ、ユーゴスラヴィア各地の作家やジャーナリストたちが、ユーゴスラヴィア製品やユーゴスラヴィアに独自の様々な文化事象についての解説文を寄せた。2004年、912の項目と555の図版を掲載した『YU神話学事典（Leksikon YU mitologije）』が出版される。特に20代前後の若者からの支持が高く、ユーゴノスタルジックなビジュアルで人気だ。アルファベット順に並べられた事項一覧のページを見てみても、たとえば「T」はティトーのイニシャルということで、ティトーの顔が埋め込まれてデザインされている。これは本当にティトーを信奉する人からすると冒瀆とも思われる構成であるが、『YU神話学事典』は政治的なことをキッチュにすることによって、それを「文化」の

『YU神話学事典』（*Leksikon YU mitologije*, Zagreb, 2000）

『YU神話学事典の目次の事項一覧（P～T）』（同10）

一部に変えてしまうというスタンスなのだ。タイトルにしても「神話学事典」という仰々しいものだが、ユーゴスラヴィアを教科書的な「歴史」として振り返るのではなく、「神話」であると言い切ってしまう思い切りの良さがいい。このプロジェクトは現在も継続中で、インターネットサイト上で投稿を募集中だ。(サイトのURL：http://leksikon-yu-mitologije.net/)

(亀田真澄)

敬礼する婦警、拳を振り上げる子ども
(同 416-417)

まるでチャールズ・マンソンの様な人物
(同 353)

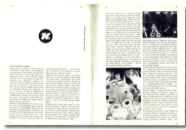

ピエロ・ドゥグメの頃。ドラムセットが異様に豪華
(同 179)

スカートを剥ぎ取ったり、おっぱいを露わにしたり……　(同 384-385)

★ユーゴスラヴィア関連邦語文献1945〜1991

　社会主義ユーゴスラヴィアが存在する同時代に日本国内で刊行された文献について、主題別にまとめている。一部の専門書、雑誌や論集の所収論文などを除いて、「ユーゴスラヴィア」が直接関連する書籍を可能な限り網羅し、刊行年順に並べてある。その多くは本書全三巻の参考文献にもなっている。

総論、一般

　島津猛『東欧入門——ポーランド・ルーマニア・ユーゴスラビアを中心に』新読書社、1967年

　REVIJA 編（東欧文化研究会 訳）『ユーゴスラビア』Kôbunsha、1968年

　岩田昌征・三浦真理『東欧の経済と社会 I——ユーゴスラビア・ブルガリア』(研究参考資料176)、アジア経済研究所、1971年

　加藤雅彦『ユーゴスラヴィア——チトー以後』(中公新書552)、中央公論社、1979年

　ライコ・ボボト 編著（山崎洋 訳）『ユーゴスラヴィア——社会と文化』恒文社、1983年

　南塚信吾 編著『東欧の民族と文化』(叢書東欧1)、彩流社、1989年 [増補版、1993年]

　南塚信吾・宮島直樹 編『89・東欧改革——何がどう変わったか』(講談社現代新書995)、講談社、1990年

　南塚信吾『ハンドブック東欧諸国』(岩波ブックレット159)、岩波書店、1990年

　柴宜弘『ユーゴスラヴィアの実験——自主管理と民族問題と』(岩波ブックレット205；シリーズ東欧現代史4)岩波書店、1991年

　柴宜弘 編著『もっと知りたいユーゴスラヴィア』弘文堂、1991年

歴史

　梅田良忠 編『東欧史』(世界各国史13)、山川出版社、1958年 [新版、矢田俊隆 編、1977年]

　マルセル・ドゥ・ヴォス（山本俊明 訳）『ユーゴスラヴィア史』(文庫クセジュ529)、白水社、1973年

　木戸蓊『バルカン現代史』(世界現代史24)、山川出版社、1977年

　F. フェイト（熊田亨 訳）『スターリン以後の東欧』(岩波現代選書17)、岩波書店、1978年

　F. フェイト（熊田亨 訳）『スターリン時代の東欧』(岩波現代選書28)、岩波書店、1979年

　スティーヴン・クリソルド 編著（田中一生・柴宜弘・高田敏明 訳）『ユーゴスラヴィア史』、恒文社、1980年 [増補版、1993年；増補第2版、1995年]

　P. F. シュガー、I. J. レデラー 編（東欧史研究会 訳）『東欧のナショナリズム——歴史と現在』(刀水歴史全書9)、刀水書房、1981年

　C & B・ジェラヴィチ（木戸蓊 日本語版監修、野原美代子 訳）『バルカン史』恒文社、1982年 [第2版、1990年]

　伊東孝之 編『東欧現代史』(有斐閣選書)、有斐閣、1987年

　バリシャ・クレキッチ（田中一生 訳）『中世都市ドゥブロヴニク——アドリア海の東西交易』(叢書東欧2)、彩流社、1990年

　越村勲『東南欧農民運動史の研究』多賀出版、1990年

社会主義

　ミロバン・ジラス（原子林二郎 訳）『新しい階級——共産主義制度の分析』時事通信社、1957年

　村田陽一 訳・編『ユーゴスラヴィアの共産主義』大月書店、1958年

　E・カルデリ（山口房雄・玉城素 訳）『中国共産主義批判——社会主義と戦争』論争社、1961年

　ロバート・バス、エリザベス・マーブリィ 編（日本外政学会 訳）『ソ連とユーゴの紛争文献記録（1948年〜

58 年)』日本外政学会、1961 年
M・ジラス（新庄哲夫 訳）『スターリンとの対話』雪華社、1962 年
山口房雄・玉城素・松田宏 編訳『ユーゴスラビア社会主義』合同出版社、1963 年
小林孝輔 監修（日本社会党機関紙局編集部 訳）『ユーゴの新憲法──非同盟・労働者自治の社会主義』日本社会党機関紙局、1964 年
ミハイロ・マルコヴィチ（岩田昌征・岩渕慶一 訳）『実践の弁証法』合同出版、1970 年
岩田昌征『比較社会主義経済論』日本評論社、1971 年［第 2 版、『現代社会主義・形成と崩壊の論理』1993 年］
井上和雄『ユーゴスラヴィアの市場社会主義』（大阪府立大学経済研究叢書 37）、大阪府立大学経済学部、1972 年
岩田昌征『労働者自主管理──ある社会主義論の試み』（紀伊国屋新書 B-54）、紀伊国屋書店、1974 年
ヨシプ・ブロズ・チトー（島田浩 訳）『ヨシプ・ブロズ・チトー──非同盟社会主義の歩み』恒文社、1974 年
レオ・マテス（鹿島正裕 訳）『非同盟の論理──第三世界の戦後史』TBS ブリタニカ、1977 年
カルデリ（山崎洋・山崎那美子 訳）『自主管理社会主義と非同盟──ユーゴスラヴィアの挑戦』大月書店、1978 年
ウラディミール・デディエル（平井吉夫 訳）『クレムリンの敗北──いかにユーゴはソ連に抵抗したか』河出書房新社、1981 年
岩田昌征『現代社会主義の新地平──市場・計画・協議のシステム』日本評論社、1983 年
エドヴァルド・カルデリ（高屋定國・定形衡 訳）『民族と国際関係の理論』ミネルヴァ書房、1986 年
暉峻衆三・小山洋司・竹森正孝・山中武士『ユーゴ社会主義の実像』リベルタ出版、1990 年

「自主管理」研究

ILO 編（高橋正雄・高屋定國 訳）『ユーゴスラヴィアの企業における労働者自主管理制度──社会主義と民主主義』至誠堂、1974 年
岩田昌征『社会主義の経済システム──現代・計画・市場』（現代経済学叢書 29）、新評論、1975 年
二神恭一『使用者なき経営──ユーゴスラビアの自主管理企業』（日経新書 299）、日本経済新聞社、1978 年
梅本浩志『ベオグラードの夏──ユーゴ自主管理の歴史と現実』社会評論社、1979 年
A・メイステル（川崎嘉元・小池晴子 共訳）『自主管理の理念と現実──ユーゴの経験から』新曜社、1979 年
M・ドルーロヴィチ（高屋定國・山崎洋 訳）『試練に立つ自主管理──ユーゴスラヴィアの経験』（岩波現代選書 45）、岩波書店、1978 年
ヴェリコ・ルス（石川晨弘・犬塚先・鈴木隆 訳）『産業民主主義と自主管理──ユーゴスラヴィアの経験』（合同叢書）、合同出版、1980 年
カルデリ（山崎洋 訳）『自主管理と民主主義』大月書店、1981 年
笠原清志 編著『自主管理制度と階級・階層構造──ユーゴスラビアにおける社会的調査』時潮社、1982 年
M・コーラッチ（山崎洋 訳）『自主管理の政治経済学──生産と分配』日本評論社、1982 年
笠原清志『自主管理制度の変遷と社会的統合──ユーゴスラビアにおける企業組織と労組機能に関する研究』時潮社、1983 年
岩田昌征『凡人たちの社会主義──ユーゴスラヴィア・ポーランド・自主管理』筑摩書房、1985 年
中央大学社会科学研究所 編『自主管理の構造分析──ユーゴスラヴィアの事例研究』（中央大学社会科学研究所叢書 1）、中央大学出版部、1988 年
谷江武士『自主管理企業と会計──ユーゴスラヴィアの会計制度』大月書店、1988 年
伊藤知義『ユーゴ自主管理取引法の研究』（札幌学院大学選書 2）北海道大学図書刊行会、1990 年
J. オブラドヴッチ、W. N. ダン 編著（笠原清志 監訳）『参加的組織の機能と構造──ユーゴスラヴィア自主管理企業の理論と実践』時潮社、1991 年

文学作品・民話など

コンスタンチン・シーモノフ（黒田辰男 訳）『ユーゴスラヴィアの手帖』時事通信社、1946 年

ナーダ・ブロダノビッチ（木村庄三郎 訳）『アラビアの少年カバダルク／ゆうかんな王子』（オクスフォード世界の民話と伝説 7：ユーゴスラビア編）、講談社、1964 年 [改訂版、1978 年]
ミオドラーク・ブラトーヴィチ（上島建吉 訳）『赤いおんどり』（新しい世界の文学 33）、白水社、1966 年
イヴォ・アンドリッチ（松谷健二 訳）『ドリナの橋』（現代東欧文学全集 12）、恒文社、1966 年
ミオドラグ・ブラトーヴィチ（大久保和郎 訳）『ろばに乗った英雄』（現代東欧文学全集 13）、恒文社、1966 年
山室静ほか 訳『ハルドール・キリヤン；アルベール・カミュ；イヴォ・アンドリッチ』（ノーベル賞文学全集 13）主婦の友社、1972 年 [所収されたアンドリッチ諸作品が後に、イヴォ・アンドリッチ（栗原成郎 訳）『呪われた中庭』恒文社、1983 年]
イヴォ・アンドリッチ（岡崎慶興 訳）『ボスニア物語』（東欧の文学）、恒文社、1972 年
イヴォ・アンドリッチ（田中一生 訳）『ゴヤとの対話』恒文社、1976 年
ブラニミル・シュチェパノビッチ（田中一生 訳）『土に還る』恒文社、1978 年
直野敦・佐藤純一・森安達也・住谷春也 共訳編『バルカンの民話』恒文社、1980 年
栗原成郎・田中一生 共訳編『ユーゴスラビアの民話』恒文社、1980 年
山崎洋・山崎淑子 共訳編『ユーゴスラビアの民話 II ──セルビア英雄譚』恒文社、1980 年
松村武雄 編『セルビアの神話伝説』（世界神話伝説大系 34）、名著普及会、1980 年
ミオドラグ・ブラトーヴィッチ（飯吉光夫 訳）『冷血の地』集英社、1981 年
デサンカ・マクシモビッチ［ほか］（直野敦・田中一生・八百板洋子 訳）『妖精の女王ドーブラ』（世界のメルヘン 16、東欧童話 2）、講談社、1981 年
イヴォ・アンドリッチ（田中一生 訳）『サラエボの女』恒文社、1982 年
ルイス・アダミック（田原正三 訳）『わが祖国ユーゴスラヴィアの人々』（ルイス・アダミック作品集 2）、PMC 出版、1990 年

人物、伝記など

ウラジミール・デディエ（高橋正雄 訳）『チトーは語る』河出書房、1953 年
H・F・アームストロング（鎌田光登 訳）『チトー評伝──ユーゴの巨星』国際文化研究所、1956 年
ミカエル・ピューピン（松前重義 訳）『ミカエル・ピューピン伝──ある発明家の生涯』東海大学出版会、1966 年
橋本明『チトー』恒文社、1967 年
ウラジミール・デディエ（高橋正雄 訳）『チトーは語る』新時代社、1970 年
ヴィンテルハルテル（田中一生 訳）『チトー伝──ユーゴスラヴィア社会主義の道』徳間書店、1972 年
ドゥシュコ・ポポフ（関口英男訳）『スパイ／カウンタースパイ──第二次大戦の陰で』（ハヤカワ・ノンフィクション）、早川書房、1976 年 [文庫版『ナチスの懐深く──二重スパイの回想』（ハヤカワ文庫 NF）、1978 年]
ズボンコ・シタウブリンゲル（岡崎慶興 訳）『チトー・独自の道──スターリン主義との闘い』サイマル出版会、1980 年
ミロバン・ジラス（新庄哲夫 訳）『クレムリンとのわが闘争──私はスターリンに裏切られた』（第 3 次世界大戦の衝撃シリーズ）、学習研究社、1980 年
エドヴァルド・カルデリ（山崎那美子 訳）『自主管理社会主義への道──カルデリ回想記』（亜紀・現代史叢書 13）、亜紀書房、1982 年
ヴェリコ・ミチューノヴィチ（山崎那美子 訳）『モスクワ日記──1956～1968』恒文社、1980 年
高橋正雄『チトーと語る』恒文社、1982 年
ラドミル・コバチェビッチ『勝負──わが柔道の技と心』ベースボール・マガジン社、1983 年

ことば

田中一生・山崎洋 編『セルビア・クロアチア語基礎 1500 語』大学書林、1979 年
山崎洋・田中一生 編『セルビア・クロアチア語会話練習帳』大学書林、1979 年

中島由美・田中一生 編『マケドニア語会話練習帳』大学書林、1981 年
中島由美 編『マケドニア語基礎 1500 語』大学書林、1983 年
山崎洋・田中一生 編『スロベニア語会話練習帳』大学書林、1983 年
山崎佳代子 編『スロベニア語基礎 1500 語』大学書林、1985 年
イボ・アンドリッチ（田中一生 訳注）『ドリーナの橋』、大学書林、1985 年
中島由美『エクスプレス セルビア・クロアチア語』白水社、1987 年

芸術

国立現代美術館 編『ユーゴスラヴィア現代版画展 Exhibition of Contemporary Prints in Yugoslavia』国立近代美術館、1965 年 [展覧会図録、1965 年 6 月 18 日～7 月 25 日、於：国立近代美術館]
朝日新聞東京本社企画部 編『ユーゴスラビア・イコン展──11 世紀・17 世紀の聖画像』朝日新聞東京本社企画部、1967 年 [展覧会カタログ、1967 年 3 月 3 日～31 日、於：東京国立博物館近代美術館／同年 4 月 8 日～5 月 7 日、於：京都国立博物館]
東京国立近代美術館『現代ユーゴスラヴィア美術展』1973 年 [展覧会カタログ、1973 年 4 月 21 日～6 月 3 日、於：東京国立近代美術館]
ネボイシャ・トマシェヴィッチ、ヨージェ・ティスニカル（徳田良仁 監修・訳）『死の画家ティスニカル』、恒文社、1980 年
世田谷美術館『ユーゴスラヴィア──11 人の素朴な画家』1986 年 [展覧会カタログ、1986 年 7 月 5 日～8 月 24 日、於：世田谷美術館／同年 9 月 25 日～10 月 7 日、於：大丸心斎橋店]
イワン・ラブジン、原田泰治『はるかなるユーゴスラビア』講談社、1987 年

旅・紀行、事情紹介など

久留島秀三郎『ヴァルカンの赤い星 ユーゴスラヴィヤ』相模書房、1954 年
倉田三郎『バルカン素描』日本文教出版、1956 年
谷英男『社会主義 8 カ国の旅──ソビエト・ポーランド・チェコスロバキア・GDR・ハンガリー・ブルガリア・ユーゴスラビア』日本勤労者旅行会、1975 年
鈴木明『リリー・マルレーンを聴いたことがありますか』文芸春秋、1975 年
『ユーゴスラヴィア/チェコスロヴァキア/ポーランド』（朝日旅の百科 海外編 14）、朝日新聞社、1980 年
『未知を秘める大地で──ソヴィエト連邦・ポーランド・チェコスロバキア・ハンガリー・ユーゴスラビア』（世界への旅 5）、趣味と生活、1980 年
地球の歩き方編集室 編『地球の歩き方 東ヨーロッパ』、ダイヤモンド・ビック社、1985 年～
横谷孝子写真・文『ユーゴスラビア──オリーブの村のベロ』（世界の子どもたち 22）偕成社、1987 年
天羽民雄『バルカンの余映──東西南北の接点 ユーゴ・アルバニアの実相』恒文社、1988 年
外務省大臣官房国内広報課『海外生活の手引き』第 23 巻 ソ連・東欧篇、世界の動き社、1990 年

★旧ユーゴスラヴィア関連邦語文献1991〜

　社会主義ユーゴスラヴィアなき後、日本国内で刊行された関連文献について主題別にまとめている。1990年代の国家解体と紛争は、皮肉にもこの地域への注目と著作物の増大を生み出し、また後継国が個々に扱われる機会も増えたため、この20年余りの間に、以前と同等、あるいはそれ以上の著作が出されている。以下ではそのうち主要なものを、本書全三巻の参考文献として、書籍を中心に著者順に列挙した（一部の専門書、学術論文、ウェブ上の記事や情報等、また外国語文献は割愛）。すべて網羅してはいないが、ユーゴスラヴィア（地域）に関する読書案内としても活用頂ければ幸いである。

総論、一般

　伊東孝之・直野敦・萩原直・南塚信吾・柴宜弘 監修『東欧を知る事典』（新訂増補版）、平凡社、2001年
　梅棹忠夫 監修、松原正毅・NIRA 編集『世界民族問題事典』（新訂増補版）、平凡社、2002年
　ジョルジュ・カステラン（萩原直訳）『バルカン世界――火薬庫か平和地帯か』（叢書東欧8）、彩流社、2000年
　柴宜弘 編著『バルカンを知るための65章』（エリア・スタディーズ48）、明石書店、2005年
　柴宜弘・木村真・奥彩子 編『東欧地域研究の現在』山川出版社、2012年
　柴宜弘・石田信一 編『クロアチアを知るための60章』（エリア・スタディーズ121）、明石書店、2014年
　南塚信吾 編『東欧の民族と文化』（叢書東欧1、増補版）、彩流社、1993年

歴史

　ジョルジュ・カステラン（山口俊章 訳）『バルカン――歴史と現在』サイマル出版会、1994年
　ジョルジュ・カステラン、アントニア・ベルナール（千田善 訳）『スロヴェニア』（文庫クセジュ827）、白水社、2000年
　ジョルジュ・カステラン、ガブリエラ・ヴィダン（千田善・湧口清隆 訳）『クロアチア』（文庫クセジュ828）、白水社、2000年
　柴宜弘『ユーゴスラヴィア現代史』（岩波新書 新赤版445）岩波書店、1996年
　柴宜弘『バルカンの民族主義』（世界史リブレット45）、山川出版社、1996年
　柴宜弘編著『バルカン史』（新版世界各国史18）、山川出版社、1998年
　柴宜弘『図説 バルカンの歴史』（ふくろうの本）、河出書房新社、2001年［改訂新版、2006年］
　柴宜弘編『バルカン史と歴史教育――「地域史」とアイデンティティの再構築』明石書店、2008年
　D. ジョルジェヴィチ、S. フィシャー・ガラティ（佐原徹哉 訳）『バルカン近代史――ナショナリズムと革命』（刀水歴史全書34）、刀水書房、1994年
　ロバート・J・ドーニャ、ジョン・V・A・ファイン（佐原徹哉・柳田美映子・山崎信一 訳）『ボスニア・ヘルツェゴヴィナ史――多民族国家の試練』恒文社、1995年
　南東欧における民主主義と和解のためのセンター（CDRSEE）企画、クリスティナ・クルリ総括責任著、柴宜弘 監訳『バルカンの歴史――バルカン近現代史の共通教材』（世界の教科書シリーズ37）、明石書店、2013年
　エドガー・ヘッシュ（佐久間穆 訳）『バルカン半島』みすず書房、1995年
　デイヴィッド・マッケンジー（柴宜弘・南塚信吾・越村勲・長場真砂子 訳）『暗殺者アピス――第一次大戦をおこした男』平凡社、1992年
　南塚信吾 編『ドナウ・ヨーロッパ史』（新版世界各国史19）、山川出版社、1999年
　ドラーゴ・ロクサンディチ（越村勲 訳）『クロアチア＝セルビア社会史断章――民族史を越えて』（叢書東

欧 7)、彩流社、1999 年

ユーゴスラヴィア解体および戦争

伊藤 芳明『ボスニアで起きたこと──「民族浄化」の現場から』岩波書店、1996 年
岩田昌征『ユーゴスラヴィア──衝突する歴史と抗争する文明』NTT 出版、1994 年
梅本浩志『ユーゴ動乱 1999──バルカンの地鳴り』社会評論社、1999 年
長有紀枝『スレブレニツァ──あるジェノサイドをめぐる考察』東信堂、2009 年
ミーシャ・グレニー（井上健・大坪孝子 訳、千田善 解説）『ユーゴスラヴィアの崩壊』白水社、1994 年
フアン・ゴイティソーロ（山道佳子 訳）『サラエヴォ・ノート』みすず書房、1994 年
越村勲・山崎信一『映画『アンダーグラウンド』を観ましたか？──ユーゴスラヴィアの崩壊を考える』彩流社、2004 年
カトリーヌ・サマリ（神野明 訳）『ユーゴの解体を解く』拓殖書房、1994 年
柴宜弘『ユーゴスラヴィアで何が起きているか』（岩波ブックレット 299）岩波書店、1993 年
ネナド・ステファノフ、ミヒャエル・ヴェルツ編（佐久間穆 訳）『ボスニア戦争とヨーロッパ』朝日新聞社、1997 年
高木徹『戦争広告代理店──情報操作とボスニア紛争』講談社、2002 年
スコット・タイラー（佐原徹哉訳）『アメリカの正義の裏側──コソヴォ紛争その後』平凡社、2004 年
ドゥシュコ・タディチ（岩田昌征 訳・著）『ハーグ国際法廷のミステリー──旧ユーゴスラヴィア多民族戦争の戦犯第一号日記』
千田善『ユーゴ紛争──多民族・モザイク国家の悲劇』（講談社現代新書 1168）、講談社、1993 年
千田善『ユーゴ紛争はなぜ長期化したか──悲劇を大きくさせた欧米諸国の責任』勁草書房、1999 年
徳永彰作『モザイク国家ユーゴスラビアの悲劇』（ちくまライブラリー 100）筑摩書房、1995 年
ノーマン・M・ナイマーク（山本明代 訳、解説：山本明代、百瀬亮司）『民族浄化のヨーロッパ史──憎しみの連鎖の 20 世紀』（人間文化研究叢書 4）、刀水書房、2014 年
中村義博『ユーゴの民族対立』サイマル出版会、1994 年
Fama 編（P3 Art and Environment 訳、監修：柴宜弘）『サラエボ旅行案内──史上初の戦場都市ガイド』三修社、1994 年
ドラガナ・ポポヴィッチ、ダニサ・マルコヴィッチ、北嶋貴美子『ユーゴ内戦後の女たち──その闘いと学び』柘植書房新社、2005 年
町田幸彦『コソボ紛争──冷戦後の国際秩序の危機』（岩波ブックレット 487）、岩波書店、1999 年
山崎佳代子『解体ユーゴスラビア』（朝日選書 476）、朝日新聞社、1993 年
『現代思想』第 25 巻第 14 号（12 月臨時増刊号）「総特集＝ユーゴスラヴィア解体」, 青土社、1997 年

学術、研究

阿部望『ユーゴ経済の危機と崩壊──国内要因と国外要因』日本評論社、1993 年
石田信一『ダルマチアにおける国民統合過程の研究』刀水書房、2004 年
岩田昌征『ユーゴスラヴィア多民族戦争の情報像──学者の冒険』御茶の水書房、1999 年
岩田昌征『社会主義崩壊から多民族戦争へ──エッセイ・世紀末のメガカオス』御茶の水書房、2003 年
奥彩子『境界の作家ダニロ・キシュ』松籟社、2010 年
唐沢晃一『中世後期のセルビアとボスニアにおける君主と社会──王冠と政治集会』刀水書房、2014 年
亀田真澄『国家建設のイコノグラフィー──ソ連とユーゴの五カ年計画プロパガンダ』成文社、2014 年
久保慶一『引き裂かれた国家──旧ユーゴ地域の民主化と民族問題』有信堂高文社、2003 年
小山洋司『ユーゴ自主管理主義の研究──1974 年憲法体制の動態』多賀出版、1996 年
定形衛『非同盟外交とユーゴスラヴィアの終焉』風行社、1994 年
佐原徹哉『近代バルカン都市社会史──多元主義空間における宗教とエスニシティ』刀水書房、2003 年
佐原徹哉 編『ナショナリズムから共生の政治文化へ──ユーゴ内戦 10 年の経験から』北海道大学スラブ研

究センター、2002 年
　佐原徹哉『ボスニア内戦——グローバリゼーションとカオスの民族化』(国際社会と現代史)、有志舎、2008 年
　柴宜弘・中井和夫・林忠行『連邦解体の比較研究——ソ連・ユーゴ・チェコ』多賀出版、1998 年
　柴宜弘・佐原徹哉 編『バルカン学のフロンティア』(叢書東欧 10)、彩流社、2006 年
　月村太郎『ユーゴ内戦——政治リーダーと民族主義』東京大学出版会、2006 年
　ストヤン・ノヴァコヴィチ (越村勲・唐沢晃一 訳)『セロ——中世セルビアの村と家』(人間科学叢書 35)、刀水書房、2003 年
　百瀬亮司 編、柴宜弘 監修『ユーゴ研究の最前線』渓水社、2012 年

文学、エッセイなど
　イヴォ・アンドリッチ (田中一生・山崎洋 共訳)『サラエボの鐘——短編集』恒文社、1997 年
　ドゥブラヴカ・ウグレシィチ (岩崎稔 訳)『バルカン・ブルース』未來社、1997 年
　ダニロ・キシュ (山崎佳代子 訳)『若き日の哀しみ』(海外文学セレクション)、東京創元社、1995 年
　ダニロ・キシュ (山崎佳代子 訳)『死者の百科事典』(海外文学セレクション)、東京創元社、1999 年
　ダニロ・キシュ (奥彩子 訳)『砂時計』(東欧の想像力 1)、松籟社、2007 年
　ダニロ・キシュ (山崎佳代子 訳)『庭、灰』(『庭、灰／見えない都市』(世界文学全集／池澤夏樹編 2-06)、河出書房新社、2009 年)
　メシャ・セリモヴィッチ (三谷惠子 訳)『修道士と死』(東欧の想像力 10)、松籟社、2013 年
　田中一生『バルカンの心——ユーゴスラビアと私』(叢書東欧 12)、彩流社、2007 年
　イヴァン・ツァンカル (イヴァン・ゴドレール、佐々木とも子 訳)『イヴァン・ツァンカル作品選』成文社、2008 年
　イヴァン・ツァンカル (イヴァン・ゴドレール、佐々木とも子 訳)『慈悲の聖母病棟』成文社、2011 年
　スラヴェンカ・ドラクリッチ (三谷惠子 訳)『バルカン・エクスプレス——女心とユーゴ戦争』三省堂、1995 年
　スラヴェンカ・ドラクリッチ (長場真砂子 訳)『カフェ・ヨーロッパ』恒文社、1998 年
　D・ナネフスキー 編 (香壽・レシュニコフスカ 訳)『マケドニアの民話』恒文社、1997 年
　ペタル二世ペトロビッチ＝ニェゴシュ (田中一生・山崎洋 訳)『山の花環——十七世紀末の歴史的事件』ニェゴシュ財団／彩流社、2003 年
　ペタル二世ペトロビッチ＝ニェゴシュ (田中一生・山崎洋 訳)『小宇宙の光』ニェゴシュ財団／彩流社、2008 年
　ミロラド・パヴィチ (工藤幸雄 訳)『ハザール事典——夢の狩人たちの物語』東京創元社、1993 年
　ミロラド・パヴィチ (青木純子 訳)『風の裏側——ヘーローとレアンドロスの物語』(海外文学セレクション)東京創元社、1995 年
　ミロラド・パヴィッチ (三谷惠子 訳)『帝都最後の恋——占いのための手引き書』(東欧の想像力 4)、松籟社、2009 年
　プレドラグ・マトヴェイェーヴィチ (土屋良二 訳)『旧東欧世界——祖国を失った一市民の告白』未來社、2000 年
　ドラゴスラヴ・ミハイロヴィチ (山崎洋・山崎佳代子 訳)『南瓜の花が咲いたとき』未知谷、2005 年
　山崎佳代子『ベオグラード日誌』書肆山田、2014 年
　ライモンド・レヒニツァー (林瑞枝 訳)『サラエボ日記』平凡社、1994 年

ことば
　金指久美子『スロヴェニア語入門』大学書林、2001 年
　金指久美子『スロヴェニア語日本語小辞典』大学書林、2009 年
　鈴木達也 編著『セルビア・クロアチア語辞典』武田書店、2010 年
　中島由美・野町素己『セルビア語クロアチア語』(ニューエクスプレス)、白水社、2010 年

長束恭行『旅の指さし会話帳73 クロアチア』情報センター出版局、2007年
『『ポリティカ』を読む――（新）ユーゴの代表的日刊紙』（山崎洋 訳注）、大学書林、1994年
三谷惠子『クロアチア語ハンドブック』大学書林、1997年
三谷惠子 編『クロアチア語常用6000語』大学書林、1998年
三谷惠子『クロアチア語のしくみ』大学書林、2009年
百瀬亮司 著、大阪大学世界言語センター 監修『セルビア語読解入門』大阪大学出版会、2012年
山崎洋 編『セルビア語常用6000語』大学書林、2001年

文化

越村勲 編訳『バルカンの大家族ザドルガ』（叢書東欧6）、彩流社、1994年
越村勲『クロアティアのアニメーション――人々の歴史と心の映し絵』彩流社、2010年
関口義人『バルカン音楽ガイド』青弓社、2003年
多摩美術大学美術館ほか 編『セルビアのナイーヴ・アート』日本・セルビア友好協会／Foundation "International Ethno Center Babka" of Kovačicaja、2008年［展覧会カタログ］
ミランカ・トーディチ（荒島浩雅 訳）『写真とプロパガンダ――1945-1958』三元社、2009年
中島由美『バルカンをフィールドワークする』（ことばを訪ねて）、大修館書店、1997年
ディミトリエ・ボグダノヴィチ、ボイスラブ・J・ジューリッチ、デヤン・メダコヴィチ（田中一生・鐸木道剛 訳）『ヒランダル修道院』恒文社、1995年
水谷驍『ジプシー――歴史・社会・文化』（平凡社新書327）、平凡社、2006年

その他事情紹介、旅・紀行など

アルバート・アインシュタイン、ミレヴァ・マリッチ（ユルゲン・レン、ロバート・シュルマン 編、大貫昌子 訳）『アインシュタイン――愛の手紙』岩波書店、1993年
宇都宮徹壱『幻のサッカー王国――スタジアムから見た解体国家ユーゴスラヴィア』勁草書房、1998年
木村元彦『誇り――ドラガン・ストイコビッチの軌跡』（集英社文庫571）、集英社、2000年
木村元彦『悪者見参――ユーゴスラビアサッカー戦記』（集英社文庫724）、集英社、2001年
木村元彦『終わらぬ「民族浄化」セルビア・モンテネグロ』（集英社新書0297A）、集英社、2005年
新戸雅章『発明超人ニコラ・テスラ』（ちくま文庫）、筑摩書房、1997年
地球の歩き方編集室 著編『地球の歩き方 中欧』（A25）、ダイヤモンド・ビッグ社、各年
地球の歩き方編集室 著編『地球の歩き方 クロアチア スロヴェニア』（A34）、ダイヤモンド・ビッグ社、各年
デサンカ・トルブホヴィッチ＝ギュリッチ（田村雲供、伊藤典子 訳）『二人のアインシュタイン――ミレヴァの愛と生涯』工作舎、1995年
Manevska 真基子『東欧の小国マケドニアつれづれ歩き』新風舎、2003年
森田太郎『サッカーが越えた民族の壁――サラエヴォに灯る希望の光』明石書店、2002年
『旅行人』No. 161（2010上期号）「特集 旧ユーゴスラヴィアを歩く――クロアチア ボスニア・ヘルツェゴヴィナ セルビア コソヴォ モンテネグロ」、旅行人、2010年

あとがき

　ユーゴノスタルジーについてカタログ式の本を出す予定なのだけど一緒に書かないか、と鈴木健太氏に声をかけてもらったのは2011年のことだった。それから山崎信一氏・百瀬亮司氏を合わせた4人で、ユーゴを知るうえで欠かせない項目をリストアップし、それを増補し書き足していくうちに、当初の予定を大幅に上回る原稿が出来上がり、三巻本として出版していただけることとなった。

　ユーゴスラヴィアは歴史も現在もややこしい。民族や宗教にかかわる話題は今もデリケートで、よそ者が土足で入り込むべきではないトピックがいくつもある。かくいう私も、しばしばタブーの地雷を踏みそうになったり、またプロパガンダ的言説を聞き流せずに言い合いになったりすることもあった（もちろん、そこから学ぶことは多い）。そんなユーゴスラヴィアは、やはり紛争の文脈で語られることが圧倒的に多かったと思う。本書はしかし、紛争の勃発など予測されなかった時代、東西陣営のあいだで独自の自主管理社会主義を築き、少なくとも表面上は民族共生を成し遂げていた時代の社会・文化を紹介することによって、ユーゴスラヴィア人たちの日常に光を当てることができたと自負している。

　本書の執筆は、多くの方々のご協力に支えられている。セルビアで研究員として受け入れてくださったMilanka Todić教授、いつも相談に乗ってくれるMila Turajlić監督、クロアチア留学時代からの友人Tamara Schön、友人でユーゴスラヴィア博物館学芸員でもあるAna Panić、Milica Stojanov氏の助言と資料提供がなければ、私は本書を書き上げることができなかったと思う。大きな感謝を捧げたい。

　『アイラブユーゴ』を通して、様々な出会いがあった。まずは、共著者の鈴木氏・山崎氏・百瀬氏。三氏にはこれまでもお世話になっていたが、現代史を専門とするセルビア留学組である三氏に対して、私はより少数派の文学部出身・クロアチア留学組で、大学のキャンパスも違っていたためかあまり接点がなかった。『アイラブユーゴ』執筆のための打ち合わせを重ねるあいだ、三氏からは実に多くのことを学ばせていただいた。

　次に、読者の皆様方。主にTwitterを通して皆様からいただいた貴重な声は、重要な情報源であるのみでなく、我々のモチベーションであり、励ましである。ここに記して感謝の意を示したい。『アイラブユーゴ』シリーズを通して、ユーゴスラヴィア文化、そして旧ユーゴ諸国への興味を深めていただけたら、著者の一人として最上の喜びである。

　そして、社会評論社の濱崎誉史朗氏。「共産趣味インターナショナル」シリーズを刊行する濱崎氏との出会いは、共産主義文化の複数性を研究テーマとする私に大きな刺激をもたらしてくれた。濱崎氏がいつも細やかで的確なアドバイスと素敵なアイディアによって我々を導いてくださったおかげで、『アイラブユーゴ』シリーズ3部作を無事完結させることができた。心より御礼申し上げる。

2015年2月　著者を代表して
亀田真澄

謝辞

　本書全三巻の刊行は、実に多くの方々の協力、助言、指導、励まし、そしてユーゴスラヴィア地域をめぐって織り成される様々な出会いの積み重ねに支えられて実現しました。どなたが欠けてもここまで辿り着くことはできませんでした。全巻最後のこの頁を借りて、すべての方々に心からの感謝を申し上げます。また次の方々には格別の謝意をお伝えします。
　本当にありがとうございました。Puno se zahvaljujemo.

執筆者一同

　遠藤嘉弘・大塚真彦・木村英明・木村真・柴宜弘・新保礼子・高橋慎一・高橋澄人・角田知己・中澤拓哉・長場真砂子・沼野充義・福本那津子・古谷大輔・門間卓也・吉田正則・在日セルビア共和国大使館（小柳津千早）・大日本除虫菊株式会社宣伝部（安久多恵子）・Milan Ajdžanović（ミラン・アイジャノヴィチ）・Jug Cerović（ユグ・ツェロヴィチ）・Radivoj Doderović（ラディヴォイ・ドデロヴィチ）・Peter Heinermann（ペテル・ハイネルマン）・Mario Kanaet（マリオ・カナエト）・Dalibor Kličković（ダリボル・クリチュコヴィチ）・Denis Kolundžija（デニス・コルンジヤ）・Jelena Kovacek-Svetličić（イェレナ・コヴァチェク＝スヴェトリチッチ）・Petar Marković（ペタル・マルコヴィチ）・Slobodan Naumović（スロボダン・ナウモヴィチ）・Miloš Nikodijević（ミロシュ・ニコディイェヴィチ：「www.autoslavia.com」）・Dejan Novačić（デヤン・ノヴァチッチ）・Ana Panić（アナ・パニッチ）・Marijana Petrović（マリヤーナ・ペトロヴィチ）・Tanja Petrović（ターニャ・ペトロヴィチ）・Miroslav Prstojević（ミロスラヴ・プルストイェヴィチ）・Bojan Radovanović（ボヤン・ラドヴァノヴィチ）・Vanja Radovanović（ヴァーニャ・ラドヴァノヴィチ：ブログ「Nepoznati Zagreb」）・Tamara Schön（タマラ・シェーン）・Milica Stojanov（ミリツァ・ストヤノヴ）・Saša Škorić（サーシャ・シュコリッチ）・Martica Tamaš（マルティツァ・タマシュ）・Milanka Todić（ミランカ・トディチ）・Goran Topić（ゴラン・トピッチ）・Mila Turajlić（ミラ・トゥライリッチ）・Biblioteka Matice srpske（マティツァ・スルプスカ図書館の皆さん）・Narodna biblioteka Srbije（セルビア国立図書館の皆さん）・@ILOVEYUGO のフォロワーの皆さん（敬称略、姓の五十音順およびアルファベット順）

　――1995年カンヌ国際映画祭のグランプリ受賞作『アンダーグラウンド』の最後の場面、主人公の弟イヴァンがカメラに向かって語りかけた後、岸辺が切り離されて河へ流され始めると、次の字幕とともに映画は幕を引く。

この物語に終わりはない。　Ova priča nema kraj.

自主管理社会趣味 Vol3

アイラブユーゴ 3

ユーゴスラヴィア・ノスタルジー女の子編

2015年3月29日初版第1刷発行
亀田真澄・山崎信一・鈴木健太・百瀬亮司

亀田真澄（かめだ・ますみ）Twitter @MasumiKameda
1981年奈良県生まれ。東京大学文学部卒。同大学で修士課程（欧米系文化研究専攻）修了後、ザグレブ大学博士課程に2年間留学したのち、東京大学大学院人文社会系研究科博士課程修了。博士（文学）。現在、東京大学文学部助教。専門はロシア東欧におけるプロパガンダ表象。近年の研究テーマは、宇宙開発にかかわるプロパガンダ。著書に、『国家建設のイコノグラフィー―ソ連とユーゴの五カ年計画プロパガンダ』（成文社、2014年）。

山崎信一（やまざき・しんいち）iloveyugo.ys@gmail.com
1971年長野県松本市生まれ。東京大学大学院総合文化研究科博士課程単位取得。少年時代に出会った坂口尚『石の花』に感化されユーゴスラヴィア研究を志し、1995年〜1997年、紛争の時代のベオグラードに留学。現在、東京大学教養学部非常勤講師。ユーゴスラヴィアを中心とするバルカン地域の現代史を研究する傍ら、ユーゴスラヴィアとその継承諸国における大衆文化（特に大衆音楽）をまとめる作業も行っている。共著書に『映画『アンダーグラウンド』を観ましたか？―ユーゴスラヴィアの崩壊を考える』（彩流社、2004年）。

鈴木健太（すずき・けんた）iloveyugo.sk@gmail.com
1980年名古屋市生まれ。東京外国語大学外国語学部（スペイン語専攻）卒。だが、とあるサッカー選手に魅せられ、既に在学中からユーゴスラヴィアの歴史を学ぶ。そのまま東京大学大学院総合文化研究科修士課程および博士課程（単位取得退学）、また2年半のベオグラード留学を経て、旧ユーゴスラヴィア地域を中心に東欧・バルカンの現代史／地域研究を専門とするようになる。現在、日本学術振興会特別研究員PD。研究の関心はとくにユーゴスラヴィアの解体における政治社会とナショナリズムの関係等。共著論集に『東欧地域研究の現在』（山川出版社、2012年）ほか。

百瀬亮司（ももせ・りょうじ）iloveyugo.mr@gmail.com
1975年長野県松本市近郊に生まれる。京都大学文学部（現代史学）、東京大学大学院総合文化研究科（地域文化研究）修士課程を経て、同博士課程単位取得満期退学。現在、跡見学園女子大学兼任講師ほか。ユーゴスラヴィア紛争を契機に当地に関心を持ち始める。空爆後のベオグラードに2001年〜2003年留学。研究分野は、欧州近現代史、東欧史学史、バルカン地域研究。旧ユーゴスラヴィアにおける人びとの対立・和解と、歴史認識の関係に特に関心を持つ。編著書『旧ユーゴ研究の最前線』（渓水社、2012年）、著書『セルビア語読解入門』（大阪大学出版会、2012年）。

『アイラブユーゴ』代表メールアドレス iloveyugo@gmail.com
『アイラブユーゴ』公式Twitter @ILOVEYUGO

著者	亀田真澄・山崎信一・鈴木健太・百瀬亮司
編集＆装幀	濱崎誉史朗
発行人	松田健二
発行所	株式会社 社会評論社 東京都文京区本郷2-3-10 Tel 03-3814-3861 Fax 03-3818-2808 http://www.shahyo.com
印刷＆製本	倉敷印刷株式会社